聪明人的便捷理财法

刘　柯●编著

中国铁道出版社有限公司
CHINA RAILWAY PUBLISHING HOUSE CO., LTD.

内 容 简 介

本书与以前的工薪理财书籍有一定区别，它主要告诉读者，坚持开源节流，合理利用理财工具，即使月薪不高，也能轻松积累家庭财富。

全书内容从年轻人的理财观念、思维出发，帮助他们理清家底，做好家庭财务健康体检，通过介绍制订理财计划，越过各类投资陷阱及误区，配置不同的理财工具等内容，帮助理财者实现家庭的短期、中期和长期理财目标。

本书的读者对象主要是收入一般的年轻人，或者是收入来源比较单一的人群。当然，本书也同样适用于其他有理财想法和需求的读者。

图书在版编目（CIP）数据

聪明人的便捷理财法 / 刘柯编著 . —北京：中国铁道出版社
有限公司，2022.1
ISBN 978-7-113-28480-0

Ⅰ.①聪… Ⅱ.①刘… Ⅲ.①投资-基本知识 Ⅳ.①F830.59

中国版本图书馆 CIP 数据核字（2021）第 217790 号

书　　名：聪明人的便捷理财法
　　　　　CONGMINGREN DE BIANJIE LICAIFA
作　　者：刘　柯

责任编辑：张亚慧　　编辑部电话：（010）51873035　　邮箱：lampard@vip.163.com
编辑助理：张　明
封面设计：宿　萌
责任校对：孙　玫
责任印制：赵星辰

出版发行：中国铁道出版社有限公司（100054，北京市西城区右安门西街 8 号）
印　　刷：三河市宏盛印务有限公司
版　　次：2022 年 1 月第 1 版　2022 年 1 月第 1 次印刷
开　　本：700 mm×1 000 mm　1/16　印张：14.25　字数：190 千
书　　号：ISBN 978-7-113-28480-0
定　　价：69.00 元

前言

　　月薪 5 000 元要不要理财？每个月工资怎么安排才好？要不要等收入达到一定数额才理财？财商怎么培养？怎么增加非工资收入？有没有适合年轻人的理财工具？年轻人怎么跳过理财坑？理财风险怎么规避？这些是困扰面对理财踌躇不前的人的主要问题。年轻人该怎么开启财务自由之路……

　　理财难吗？

　　不，只要掌握一定的方式、方法，并抓住一些小技巧，个人理财也可以很简单、便捷。

　　如何增加个人经济收入，弥补工薪收入的不足。其实，通过各种便捷理财方式，即使工薪收入低，也能实现家有"余粮"，不过应该如何操作呢？为了解决这些个人理财问题，作者特意编写了本书，通过阅读，可以帮助年轻人轻松开启理财之路，将复杂的理财工具变得简单化、便捷化，实现人人都能轻松理财的目标。

　　全书共七章，可大致划分为三个部分。

◆ 第一部分为第 1 ～ 2 章，主要是对聪明人理财的金钱观、理财观、理财目标、理财常识、财商及理财前了解自身财务状况等准备工作进行简单说明，从思维、观念、认知上为后面的理财实践打下基础。

◆ 第二部分为第 3 ～ 6 章，包括银行理财、保险理财和股票理财等
理财方式的内容介绍，以及简要概括说明各种理财方式的注意事
项和误区等内容，帮助理财者真正做到聪明理财。

◆ 第三部分为第 7 章，主要是对年轻人轻松实现财务自由的简单规
划进行介绍，包括介绍财务自由的相关知识、具体目标及实现的
渠道。

本书的优势在于从日常生活的角度出发，用生活中的常识、数据的
对比，呈现个人理财的各种实用知识，并通过故事、案例、表格、图示降
低读者阅读的枯燥感，让读者在一种轻松有趣的氛围中学习知识。

最后，希望所有读者都能对书中的内容学以致用，快速打破理财壁垒，
轻松开启财务自由之路。

编 者

2021 年 9 月

目录

第1章 聪明人理财都会先理"脑"

在这个世界上，我们每个人都是独一无二的，不论天赋，还是个人后天的经历、能力、努力，有句话说，决定一个人高度的是认知，而决定一个人认知的是思维。所以，聪明人理财之前，都会先理清自己的大脑，调整个人的思维与认知，从而等"花"开、收丰"果"。

第 2 章　摸清财力是聪明投资的前提

对于工作者来说，不管处于哪一行业，收入如何，每月花销多少，储蓄高还是低，都有自己的家底，那么家底除了资产是否还有负债？每月收入怎么分配？每月怎么开支，才能让钱包鼓起来？银行卡每月有余额吗？家庭财务不健康怎么办？解决这些问题的关键在于摸清财力，慧开源，巧节流。

第3章 如何聪明地从银行"赚钱"

银行对于我们来说，不仅是办卡、存钱、转账的地方，还可以是为我们创造财富的地方。巧存薪水，提高利息；银行理财，提高收益；安全理财，守住钱袋子。聪明地从银行"赚钱"有技巧。

第4章 "保本"是聪明投资的底线

巴菲特有三条重要投资原则：保住本金、保住本金，以及保住本金。在投资活动中，保住本金就是尽量少亏钱。没有人喜欢亏损，作为新手理财者，更应该将保本作为投资的底线。在投资初期就尽量选择风险相对较低的投资方式，如债券、基金。

第 5 章　薪水以小博大冒险投资法

　　初入职场的年轻人，薪水不高，盈余不多，大部分人都首选收益相对稳定的投资方式进行理财，但毫无疑问，这种方式获得的收益相对较低，因为风险与收益一定是成正比的。其实，除了低风险的投资方式，我们还有一种选择——炒股。这种方式相对冒险，具有一定的风险，但只要掌握方法，学会聪明地炒股，大胆搏一搏也能获得不错的收益。

第6章　聪明人买保险"不单纯"

购买保险不仅是为家庭未来的风险提前买单，而且成为近年来非常热门的理财方式之一，对于聪明人来说，通过保险理财不仅可以节约家庭未来意外开支，还能合理化各类保险产品的配置，实现家庭开源目标，提高家庭收入。

第 7 章 聪明人轻松奔向财务自由

我们都想实现财务自由，但不一定人人都能实现。什么是财务自由？财务自由思维有没有？财务自由的目标是什么？家庭被动收入有多少？实现财务自由的渠道有哪些？关于这些问题，本章简单聊一聊。

第1章

聪明人理财都会先理"脑"

在这个世界上，我们每个人都是独一无二的，不论天赋，还是个人后天的经历、能力、努力，有句话说，决定一个人高度的是认知，而决定一个人认知的是思维。所以，聪明人理财之前，都会先理清自己的大脑，调整个人的思维与认知，从而等"花"开、收丰"果"。

1.1 聪明人的金钱观，很简单

金钱观的本质是个人对金钱和财富的一种看法与态度，古语有云：君子爱财，取之有道。这就是一种正确的金钱观。那么现代人的金钱观又是怎么体现的呢？

对于聪明人来说，复杂的事情简单做，简单的事情仔细做，体现在金钱观上也很简单，与三观一样正就好。

1.1.1 金钱有特点，简单理一理

金钱观端正与否将决定个人或家庭在理财的道路上能否走远，能否实现家庭财富积累，甚至实现财务自由，那么现代社会中都有哪些正确的金钱观值得我们借鉴呢？

◆ 金钱有时候是不被选择的

金钱能给家庭带来物质财富，让家人幸福生活，但家人的幸福生活只有物质得到满足也是不够的，还要满足精神需求。在我国像老师、科研人员、医生等人群，他们中的很多人放弃高薪，在各自的岗位上各尽其职，在人民利益和金钱面前，选择了前者。

◆ 金钱不是万能的

金钱能解决生活中大部分问题，但是不能解决一切问题。如亲情、友情、爱情，以及人与人之间的尊重与信任，是不能用金钱来衡量的。一个人的精神世界不是金钱能填满的，金钱并不万能。

◆ 君子聚财，取之有道

财富积累的方式有很多，无论哪一种，都需要通过合理合法的渠道来实现，无论是个人还是家庭，不能为了获得金钱，失去底线与原则。

◆ 君子聚财,用之有度

不管个人或家庭拥有多少财富,都需要坚持勤俭节约的传统美德,在给予家庭生活最基本的物质保障的基础上,制订预算,减少一些不必要的开支,控制家庭消费。

◆ 财富积累的过程是钱赚钱,而非人赚钱

对于年轻人来说,在工薪收入之外,还可以通过各种便捷的理财法,让钱生钱,实现家庭财富积累。

◆ 金钱本身没有价值

金钱的价值在于能够实现价值交换,它实现了物质的丰富,满足不同人的不同需求,简单来说,金钱只是个人或家庭实现物品交换的一种工具。不同的思维认知,使金钱带来的人生体验也不同。

◆ 金钱是把双刃剑

金钱能给个人带来财富,同时也能带来负面影响,关键是如何选择,我们要辩证地看待金钱,不仇富也不认穷。

对于聪明人来说,只有通过树立正确的金钱观、理财观,才能在财富积累的道路上不迷失自我,让路走得更稳更远。当然在树立正确的金钱观时,我们需要正确认识金钱的运行规律,下面通过一个小故事,简单介绍金钱的运行规律。

理财实例

抓住金钱运行规律,快速致富

据说在古巴比伦,有个叫阿卡德的人是当地最富有的人,很多人向他请教致富之道,阿卡德原来在一家陶砖厂工作,主要负责雕刻工作。有一天一个大客户来订购一块刻有法律条文的陶砖,阿卡德同意了,并承诺当天就可完成,但前提是大客户能告诉他致富的秘诀。

当阿卡德完成了雕刻工作并将陶砖交给大客户时，大客户告诉他："致富的秘诀是，你赚取的钱中有一部分要留存下来，财富就像大树，从一粒微小的种子开始，不管赚得多么少，一定要留存下来十分之一。"

一年后，大客户再来时，他询问阿卡德是否按照他所说的去做，是否将赚取的金钱留存下来了？

阿卡德很骄傲地告诉他，他按照他说的方法做了。大客户又问他，留存下来的金钱是如何处理的，阿卡德告诉他，他将这部分金钱给了砖匠。砖匠承诺他，当他旅行到远地的时候会买回一些当地的稀有珠宝，回来后，将珠宝高价卖掉，所得收益两人平分。

大客户听了却不像阿卡德想象中那样夸他聪明，反而说："你为什么要相信砖匠的话，他真的还会回来吗？按照我的经验，你这笔钱已经飞掉了，年轻人，你的第一桶金已经浪费掉了，如果你要买珠宝应该去咨询珠宝商，而不是和外行人做生意。"

最后，正如大客户说的那样，砖匠虽然回来了，但是他带回来的不是珠宝，而是一些不值钱的玻璃珠，虽然它们看起来像珠宝。而阿卡德决定再将赚的钱的十分之一存下来，当第二年大客户再来的时候，他询问阿卡德，这次的十分之一存款又是如何处理的。

阿卡德告诉他，他借给了铁匠去买青铜原料，然后铁匠每4个月付他一次利息，大客户说："听起来不错，但是接下来你如何处理收来的利息呢？"阿卡德说："我用赚来的利息吃了一顿大餐，还买了一头驴。"大客户笑了笑说："你已经把第一桶金的'子息'用掉了，你还如何希望它们的'子子孙孙'再为你赚取更多的钱呢？一般只有当你赚取了足够的财富时，你才能无后顾之忧。"

又过了两年，大客户来了，问阿卡德："你是否已经获得了梦想的财富？"阿卡德说："还没有，但是我已经存下一些本金，通过钱滚钱，积累财富。"大客户又问："你是否还习惯与砖匠商量事情？"阿卡德说："一般只限于一些造砖的工作，如果是赚钱的事情，会咨询一些行业人士。"大客户又说："很好，你已经学会了致富的秘诀。"

从这则古老的智慧故事当中，我们发现早在几千年前的巴比伦人就告诉我们一个道理，成功的人都懂得攒钱、生钱、护钱，同时还告诉我们一些金钱定律，如下所示。

①金钱会流向那些愿意储蓄的人，积累到一定程度就能成为第一桶金，为以后的理财打下基础。

②金钱愿意为懂它的人工作，通过咨询专业人士，把金钱放在适合自身的投资上，通过钱生钱，实现财富的增值。

③金钱具有时间意义，通过价值投资分享时间的价值，实现财富的持续增值。

④金钱会从不懂得管理的人身边悄悄溜走，对于不善于管理金钱的人，即使出现市场投资机遇，也可能错过投资机会，与财富擦肩而过。

⑤金钱会从那些渴望暴利的人身边离开，渴望暴利的人群，可能因为心态、经验和市场变化等投资失败，失去一定的家庭财富。

⑥金钱的获得需要"理"脑，靠体力赚钱能满足基本的物质需求，但是要积累一定的家庭财富甚至实现财务自由，就需要通过"脑"赚钱，即用钱赚钱，让金钱为我们工作，实现双赢。

掌握一些金钱定律，树立正确的金钱观、财富观，通过钱生钱，即使月入 5 000 元，也能实现财富积累。借助第一桶金，通过各种便捷的理财法，不断丰厚个人家底，在一定时机下，也可实现财务自由。

1.1.2 轻松开启个人致富能力

个人致富能力，简单来说就是个人赚钱的能力，而一个人最重要的赚钱能力就是了解金钱的运行规律，取之有名、用之有道。疫情到来，有的人收入中断，日子过得紧紧巴巴，而有的人依然有钱赚，为什么会这样呢？

最根本的原因就是个体的赚钱能力有差异。

一般当家庭无意外发生时，很多年轻人会觉得家庭收入还可以，经济压力不大，虽储蓄不多，但足够应付日常支出；而当意外来临，如失业、生病时，却发现薪水远远不够，甚至入不敷出。严重一点的，信用卡还款都有问题，此时收入模式急需重组。

对于年轻人来说，不断提高个人的致富能力，才能实现家庭的财富积累，才能有抵抗风险的能力，无论是失业或是其他。那么，个人的致富能力都是怎么体现的呢？一个小故事，仅供参考。

理财实例

个人致富从小钱开始

有两个年轻人（张先生和李先生）大学毕业了，怀着对成功的渴望，他们不断寻找适合自己的机会。因为他们是室友，学校专业也相同，所以他们经常相约一起面试。

有一天，当他们走在街上时，看到一枚硬币掉在地上，张先生看也不看地走了过去，而李先生却将硬币捡起来擦干净。

此时张先生急匆匆地走了，并在心里想：一枚硬币也要捡起来，他真没出息。而看着走远的张先生，李先生心里却想：让钱白白地从手边溜走，太没出息。

后来，两人同时面试一家公司，公司相对较小，工作量大、工资低、人员也复杂，张先生面试完就再也没考虑该公司，而李先生综合对比以往面试的公司，最后决定留了下来。

3年后，李先生已经成了公司的管理者，而张先生因为各种原因，打算重换一份工作，在人才市场徘徊，两人不期而遇。

张先生对此很不理解，于是问李先生："你怎么晋升得那么快？"李先生告诉他："我不会像你那么绅士地从硬币前路过，我会珍惜每一分钱，而你连硬币都不要，又怎么能发财呢？"

如上故事告诉我们，个体要致富，就需要积累，并且正确看待金钱，一个硬币积累久了，也能变成理财的原始资金。

提高个人的致富能力，我们首先需要明确个人的收入模式，比如是单一的工资收入还是多边收入？家庭备用金有没有？如果个人收入断档，原有收入能支撑几个月？计算家庭或个人的主要收入，并且发现收入薄弱环节，针对性地进行弥补。

其次是培养富人思维，以结果为导向，具有一定的执行能力，密切关注当地政策；具有一定的商业敏锐性，不要想着一夜暴富，个人致富具有长期性，突然暴富对年轻人来说不现实，也不是长久之道。

然后多读书、多学习，通过读书和学习，提高个人的见识与阅历，同时在大脑中梳理，找到适合自身的致富方法。

再次，个人致富需要聚焦、细心、耐心，将重点放在如何赚钱上，而不是看热闹或者去模仿。当然，互联网时代个人致富也是需要试错的，致富的方法不一定一开始就适合自身，需要不断地调整。

最后，结交志同道合的朋友，不管是经验借鉴，还是事业以及副业辅助，对于个人提升致富能力都是很有帮助的。

提高个人致富能力的方法有很多，关键是找到最适合自己的方式。提高个人职场的含金量也能致富；在理财市场，找到适合自己的理财工具，也能为个人致富添砖加瓦。没有最好，适合最佳。

1.2 聪明人的理财观，有门道

在互联网时代，人人都在理财，但不一定人人都会理财。对于聪明的年轻人来说，会理财首先是会 "理" 脑，正确的理财思维、观念、心态等都具有一定的借鉴意义，聪明人的理财观与三观一样端正。

理财习惯如何养成？投资风险如何规避？家庭资源如何优化……都一一体现在聪明人的理财观上。

1.2.1 轻松养成理财习惯

生活有习惯，理财亦如此，好的习惯可以成就我们的人生，坏的习惯如果不及时纠正，则会给我们的幸福人生带来很大影响。理财习惯轻松养成，一般可以从如下九个方面着手。

◆ 养成节俭的习惯

勤俭节约作为中华民族的传统美德之一，对于年轻人来说，更需要继承和发扬光大。作为年轻人，在日常生活中如果少打车、少点外卖、少聚会，长此以往，就能积累一定的本金。

但节俭也不能过度，需要满足家庭的基本物质需求，在衣、食、住、行、娱乐和旅行上节约，但不影响正常生活。

◆ 养成计划消费的习惯

生活处处有计划，消费亦如此，无论是辞职、创业、结婚、买房、日常开支等，都需要事先计划，这样不会因为突然的大额消费，导致生活拮据，同时也能在一定程度上抑制冲动消费。

一般可以在月初制订消费计划，在月末统计消费明细，并根据当月实际消费，调整并做出下月消费计划，而对于临时的消费计划，要具体问题具体分析。

◆ 养成记账的习惯

家庭记账不需要很复杂，简单明了即可，现在记账 App 和记账小程序很多，让记账更加简单。通过记账，可以明确家庭的收入渠道有哪些，以及家庭每月消费支出明细，对于家庭的资产、负债、现金流等做到心中有数。

◆ 养成学习的习惯

特别是各类理财知识的学习，理财知识作为理财战场的干粮储备，需要我们不断地积累、更新、升级，只要我们付出时间、精力、金钱成本，在一定的机遇下就能实现小投入、大产出。

◆ 养成珍惜时间的习惯

一般在工薪收入之外，还是建议年轻人越早开始理财越好，多开源，多节流，从小雨点到大雪球让钱生钱。

◆ 养成坚持投资的习惯

生活中有很多事情需要我们坚持，不管是职场还是理财市场，有人说成功就是简单的事情重复做、仔细做、耐心做，总有一天，幸福会来敲门。

◆ 养成储蓄备用金的习惯

对于年轻人来说，每月收入不能全花光，还需要预留一部分作为备用金，备用金主要用于在收入中断或其他意外情况发生时家庭的正常开支。

◆ 养成正确使用信用卡的习惯

对于年轻人来说，可以有信用卡，但信用卡不要办理太多，同时不要透支消费，每月足额按时还款，以免影响征信。

◆ 养成活用额外收入的习惯

对于在计划之外的收入，如奖金或分红，可以根据自身需求，安排它们的去处，大多数人会进行利息再投资。

除上述习惯外，在日常生活中，养成良好的理财习惯还需要减少攀比，不跟风购买。将每月的工资收入留存一部分，用于适合个人的理财投资，无论是储蓄还是基金定投，都算理财的一部分，长期坚持，强制储蓄，就能不断实现家庭的财富积累。

而在家庭开源之后，还需要考虑适合家庭的节流方法，比如购物节流。对于年轻人来说，需要减少一些不必要的购物支出，特别是大型购物节出现时，一定不要冲动消费，可根据每月的消费清单，决定是否需要购买。

在生活中，掌握一些节流小技巧，比如租房或买房，不一定要选大房子，适合自身最好，节约成本，同时在购房或者租房时，用好个人的住房公积金很重要。

1.2.2 投资有风险，理财需谨慎

正所谓"你不理财，财不理你"，在全民理财时代，寻找到合适的理财产品，获得理财收益，丰富家庭收入已经势在必行。但在关心收益的同时，我们还需要明白，投资有风险，理财需谨慎，辩证看待风险与收益，在开启理财模式之前，需要了解理财风险。

对于理财风险，常见的有如下几类。

（1）信用风险

信用风险主要体现在因为各种原因导致的借款人、发行人、交易对手等不能如期履行产品合同而给理财者带来的一定损失。而投资理财中的信用风险，主要来自投资的企业或者金融机构，所以在理财之前，选择一家靠谱的机构、公司或平台很重要。

（2）市场风险

市场风险主要是指因为市场价格、利率、汇率等的变动，给理财者带来的投资损失，所以在选择产品时，不要盲目跟风、跟热点，需要先了解市场行情，做出一定的市场分析后，择优选择，同时在规避市场风险时，还需要对相关企业、产品和行情等有一定了解。

（3）管理风险

管理风险主要体现在与理财产品相关的企业的管理上，包括管理层、管理团队、组织机构、企业文化、产品运营和利润分配等，一旦企业的管理出现问题，将给理财者带来很大损失，甚至出现本金亏损。

（4）流动性风险

当个人将大部分闲置资金用于理财投资后，如果忽然家庭急需资金，在没有备用金或者备用金不足的情况下，往往就需要将该投资提前终止。但很多理财产品如果提前终止，会给理财者带来一定的损失，有的理财产品甚至不允许理财者提前赎回。

为了规避该类风险，在选择产品时，可以选择一些流动性高并允许提前赎回的理财产品，或者为家庭储备足够的备用金。

（5）通货膨胀风险

我们通过理财，可以获得一定的理财收益，但如果遇上通货膨胀，那么你手里的收益实际上已经减少了，简单来说钱已经贬值了。

比如，现在 100 元和 10 年前 100 元的购买力是远远不同的，现在 100 元的购买力相对来说更低，这就是通货膨胀带来的货币贬值风险。

（6）时机风险

理财产品入市时机的选择很重要，储蓄类产品相对不明显，但是对于一些债券、基金和股票类产品，入市时机就很关键，入市的时机不同，收益就会不同，有的产品甚至会出现高额差异。

为了规避该类风险，就需要对产品业绩、投资去向、产品运作、管理人及市场行情等进行分析，找准时机，果断入市。当市场变化时，及时止损，果断退出。

（7）本金风险

现在市场中很多理财产品都是不保本的，所以理财可能获得高收益，也可能损失本金。为了规避该类风险，可以设置相应的止损点或者止盈点，同时选择安全的平台，果断入市、出市。

一般我们可以从投资形式、投资计划和投资心态等方面着手，规避如上的理财风险。

◆ 投资形式

在投资形式上，一般可以采取分散投资的方式分散投资风险，如在资源配置上，将储蓄、债券、基金、股票等进行组合投资，在风险承受能力之内，选择适合个人的产品。

◆ 投资计划

无论选择哪一类理财产品，制订一定的投资计划很重要，投资计划主要包括投入本金、投入期限、收益预估、产品选择等内容，同时也需要根据产品市场、产品运作、预期收益、财务周期等不断调整。

◆ 投资心态

在投资心态上，注意不要盲目跟风，越热门越购买。自己要有对市场、产品、收益的判断，理性投资，不要期望一夜暴富，要谨慎理财。

理财风险是客观存在的，风险本身不重要，重要的是如何对风险进行管控。在理财市场中，我们可以通过分散、转移、避免等方式来管控理财风险。

不同的家庭，其风险承受能力、资产与负债状况、现金流情况、理财目标、财务周期、理财计划等都不同，所以在风险管控上不能一概而论，而需要具体问题具体分析。

1.2.3 方便快捷地优化家庭资源

不同行业，不同岗位，年轻人能获得的收入是不同的，如果年收入在 10 万元左右，你会如何分配这笔收入？

理财实例

每月领取工资以后，收入怎么分配

刘先生大学毕业以后，就进入了一家民营企业工作，到现在税后月薪在 0.80 万元左右，年终奖 2 万元，女友工资 0.50 万元，只用于自己零花，不承担家庭费用，每月几乎无剩余，刘先生每月房贷 0.30 万元左右，其他生活开支 0.40 万元左右，每月能结余 0.10 万元左右，现有家庭存款 10 万元。

父母希望两人早日结婚生子，但是他觉得以他们目前的收入状况，养育一个宝宝经济压力会很大，除非还有其他收入。

如上例所示，对于年收入 10 万元左右的家庭来说，其家庭收入主要用于开支，包括房贷及其他生活开支，每月家庭结余的资金不多，从而导致能用于理财的本金积累不多。甚至因为收支无规划，可能出现 "月光" 的情况。

案例中的家庭该如何实现资源的优化配置呢？一般可以从开源节流、收入配比、四大账户等方面来考虑，简单介绍如下。

（1）开源节流

从开源节流的角度来说，上例刘先生因为每月会有一定的结余，可以将这笔结余资金与年终奖相结合，作为原始资金，选择适合自身的理财工具，实现家庭财富的保值增值；同时给家庭做一份每月消费清单，按计划消费，对一些不必要的支出进行调整。

此外，刘先生还可以考虑让女友升职加薪，控制日常消费，从而让她每月能有一定的结余，同时，也可以考虑将这部分结余的资金通过适当的理财渠道活用起来，从而增加整个家庭的理财收入，实现家庭资源的优化配置。

（2）收入配比

收入配比主要是将家庭收入在扣除日常生活消费之后的结余收入，按照一二三四的原则进行分配，具体如下。

①将家庭结余收入的 10% 用于配置家庭所需的保险，具体的险种因人而异，但为家庭的经济支柱购买健康险是需要首先考虑的。

②将家庭结余收入的 20% 用于自我投资，实现自我升值，从而增加自身的工资收入或其他业务收入。

③将家庭结余收入的 30% 用于一些流动性较好的投资或者储蓄，主要作为家庭的应急资金。

④将家庭结余收入的 40% 用于一些理财投资，让钱生钱，增加家庭财富，实现资产的保值增值。

但在实际生活中，人们很难按照如上原则进行收入分配，如大多数家庭会将结余收入用于房产、教育、医疗上，在具体的分配比例上，不同的家庭需要根据实际情况进行适当调整。

（3）四大账户

根据世界公认的家庭资产配置标准——普尔标准，一般可将家庭资产分为四大账户进行管理，具体如下。

◆ 现金账户

现金账户是管理家庭短期内可自由支配的现金的账户，账户中的资金主要用于家庭短期消费，如每月的衣、食、住、行消费，一般认为该账户中的资金应控制在家庭年收入的 10% 左右。

◆ 保障账户

保障账户中的资金主要用于一些家庭意外开支,包括生病、失业等,或者是用于家庭保险配置,该账户中的资金一般认为控制在家庭年收入的20% 左右最好。

◆ 投资账户

投资账户的存在主要是为了获得投资收益,提高家庭收入,积累家庭财富,一般认为该账户中的资金控制在 40% 左右最好。

◆ 稳健账户

稳健账户是对于投资账户的补充,该账户中的资金主要用于一些本金安全、收益相对稳定的投资,作为家庭的备用金。在意外情况下若收入中断,这部分资金可以维持家庭的基本开支,一般认为该账户的资金在家庭年收入的 30% 左右最好。

如上的资产配置标准在一定程度上,对我们有借鉴意义,但实际的资产配置还需要根据家庭所处阶段、需求、目标、风险承受能力、负债、理财偏好等决定,不能直接套用。

要实现家庭资源的优化配置,可以向一些专业的理财机构寻求帮助,拓展渠道,实现资产配置的多元化。同时根据家庭所处的阶段,比如单身还是育儿阶段,明确家庭需求,分析家庭的抗风险能力,制订家庭理财目标。另外,在明确家庭理财目标的基础上,再根据理财偏好,做好家庭储蓄、债券、基金等金融资产配置。

1.2.4 轻松养成十大常见理财观

现在的年轻人是在互联网下成长起来的一代,相比于储蓄消费的父母,他们已经习惯了信用消费。不过与父母不同的是,他们在精打细算时,更倾向于对自己的生活不设限，热衷消费但也生财有道。

随着互联网金融的发展，各类理财产品变多，门槛也较低，这给年轻人提供了更多的选择。对于理财，他们有自己的一套观念，如下所示为属于年轻人的十大理财观。

①为了对家庭的收支进行管控，不成为"月光族""啃老族"或"穷忙族"，记录家庭的账务很有必要，甚至有的家庭会制订每月的消费预算，且每月进行适当调整，实现家庭资源的优化配置。

②对于年轻人来说，如果每月结余不多，就需要进行强制储蓄，积累人生第一桶金。而强制储蓄的方式很多，包括银行定期、银行理财、基金定投等，不同的家庭，其强制储蓄方式的选择不同。

③提早规划养老。一般越早规划养老，投入成本越低，而除了基本的社保之外，要想老年生活维持一定的水平，还需要额外的投入。

④实现自我升值。在职场之外，年轻人可通过各种培训及自我学习，提高个人的职业技能、赚钱能力，在自我增值的同时，实现财富增值。

⑤孩子教育能节流。孩子教育作为家庭支出的重要部分，不跟风、不盲目地给孩子报各种培训班，言传身教，教育好孩子，在一定程度上能节省很大一笔补课费、培训费等教育费用。

⑥夫妻 AA 制，包括夫妻双方每月将一定的资金存入家庭账户，支付家庭的基本开支；或日常生活开支各自分开管理，而在家庭重大支出上共同分担，包括房贷、教育、医疗等。

⑦健康省钱。身体是革命的本钱，没有一个健康的体魄，无论是对工作还是生活都是不利的，现在很多重大疾病年轻化，年轻人也更注重健康管理，如通过合理饮食、调整压力、健康养生、健身旅游等减少生病住院的概率，其本质也是投资于健康的理财，身体健康才能给家庭节约大额支出。

⑧不贪不破。随着互联网技术的发展，现在网络骗子很多，一般只要不贪小便宜，就不会破大财。羊毛出在羊身上，不贪小便宜，并注重网上安全防护，一般不会破财。

⑨风险规划，这表现为对理财产品的风险规划以及自身的风险规划。前者可以通过一定的措施规避相应的产品风险，而后者可以通过给家庭配置适当的保险进行规避。

⑩会省也会 "花"，父母辈在日常生活中展现了勤俭节约的美德，作为继承者们，我们不仅要会省，也要会 "花"，这个 "花" 不仅体现在日常消费支出上，也体现在各种理财产品的配置上，而 "能花" 和 "会花" 是有区别的。

对年轻人来说，培养良好的理财观念，需要从培养正确的消费习惯、理财意识开始，了解一定的金融常识，制订长期的理财计划，不断学习投资经验和理财技巧，长期坚持，理财观念就慢慢形成了。

1.3 聪明人的目标，简单记

我们人生中有很多目标，大大小小不计其数，理财目标亦如此，不同的家庭，理财目标存在较大差别。理财目标作为理财规划的一部分，可以从两方面着手制订：理财阶段和理财数字，具体如下。

1.3.1 理财目标，快速阶段化

我们人类会经历婴儿、少年、青年、中年、老年等不同的生命阶段，家庭同样如此，家庭生命周期通常分为单身期、家庭形成期、家庭成熟期、退休前期和退休期。而在不同的生命周期，理财规划及理财目标也不同，下面来简单聊一聊。

（1）单身期

一般为大学毕业参加工作到结婚的这段时间，这段时间收入相对较低，消费支出也大，如果无房贷，家庭经济压力不大，此时投资自我、实现自我升值很重要。

家庭的理财目标一般是开源节流，实现资产增值和购房目标。在具体资产配置上，可考虑如下配置方案：股票及股票基金配置 60%、固定理财类 30%、债券基金 5%、其他 5%。但具体比例还需要根据家庭实际情况进行调整，该配置并不一定适合每一个家庭。

（2）家庭形成期

此阶段主要是指从家庭构成到孩子出生的阶段，在该阶段，家庭收入及消费同时增加，房贷、教育、医疗等构成了家庭的大额支出。

此时家庭的理财目标一般是购房、增收、节流、配置保险，需要在保证家庭正常开支的情况下，实现稳健投资，同时给家庭配置一定的保险，预防因一些意外支出给家庭带来的损失。如此时可考虑股票及股票基金配置 30%、固定理财类 50%、债券基金 10%、其他 10%，但具体比例也需要根据家庭实际情况进行调整。

（3）家庭成熟期

此阶段孩子已经慢慢长大，这个时期无论是事业还是家庭收入都达到了顶峰，此时的理财目标是实现资产的保值、升值，同时为自己的养老生活做准备，可考虑如下方案：股票及股票基金配置 10%、固定理财类 50%、债券基金 30%、其他 10%，但具体比例由家庭自行决定。

（4）退休前期

此阶段是孩子工作、结婚到自身退休前的一段时间，此时理财目标主要是规划自身养老，可考虑股票及股票基金配置 5%、固定理财类 55%、债券基金 30%、其他 10%，但具体比例可自行灵活调整。

（5）退休期

此阶段是从退休到安度晚年的一段时间，此时理财目标主要是安度晚年，提高晚年养老水平，因此健康第一，财富第二，保证本金安全很重要，风险投资相对较少。

可考虑股票及股票基金配置 0%、固定理财类 60%、债券基金 30%、其他 10%，但具体比例要根据家庭实际情况确定。

我们可以像规划职业一样，根据家庭处于的生命周期，去规划我们的理财目标，而理财目标并不是固定的，如收入、消费、家庭成员、需求、负债等增加，理财目标应做出相应调整。从财务的角度来说，数字化理财目标更形象，也更好进行资产配置。

1.3.2 理财目标，轻松数字化

"每月结余至少 1 000 元" "今年存款达到 5 万元" "两年内买一辆 15 万元左右的代步车"……这些都是理财目标数字化的例子，将理财目标数字化，有利于我们在制订理财规划时，目标更清晰、更明确。

那么数字化的理财目标该如何制订呢？下面来看一个小案例。

理财实例

从家庭实际出发，制订家庭理财目标

唐先生今年 26 岁，女友 24 岁，两人准备在两年内结婚，唐先生每月税后收入在 8 000 元左右，女友税后收入在 6 000 元左右，唐先生年终奖 3 万元，女友年终奖 2 万元，两人收支分开管理。

唐先生每月房租在900元左右，每月生活开支在3000元左右，其他开支1000元，加上春节回家，年度开支在6万元左右。

而女友则住在公司提供的员工宿舍，但每月的饮食、衣服、化妆品、出行等开支较大，每月支出在4000元左右，其他开支1000元左右。唐先生每月能结余3000元左右，女友每月能结余1000元左右。

从大学毕业到工作，因为父母平时倡导勤俭节约，现在唐先生和女友都不是月光族，且具有一定的资产，唐先生拥有活期存款2万元、定期存款5万元、股票市值5万元。

女友拥有活期存款2万元，基金市值2万元，并且每月基金定投500元，总的基金市值5万元。

唐先生和女友都有社保，在社保之外增加了短期的健康险，每年支出在200元左右。

而唐先生的理财目标是在两年内结婚，婚礼花费5万元左右，购房每月还贷不能高于5000元，购车的总车价15万元左右，在5年内养个孩子。

如上例所示，唐先生的理财目标就是结婚、车子、房子、孩子，那么他的理财目标能不能实现呢？

唐先生5万元的婚礼预估费用，可以从现有的活期存款及未来的工资结余中实现，现有活期存款2万元，每月结余3000元，一年下来就足够，前提是目前的工资收入及消费支出不变，还能有6000元的盈余。

因为唐先生现在现金流较少，买房首付可能会存在一定的问题，加上后期的装修费用、每月还款等，近期内不建议购房，等积累到一定的本金再考虑，那时家庭的经济压力相对更小。

因为两人已经考虑买车，结婚后房租在2500元/月~3000元/月，以现在家庭的收入是可以承受的。

从唐先生和女友的收入概况来看，在不买房只租房的前提下，五年内养个孩子的目标，对于家庭的经济能力来说，是可以承受的。但如果短期内考虑买车，则养个孩子对家庭来说经济压力很大。

唐先生希望和女友有自己的私家车，购车价在 15 万元左右，主要资金来源于两人的定期存款 5 万元，其余 10 万元来源于股票及基金，但这会给后期的房租和孩子养育带来一定的压力，可以考虑适当降低车价预算或实现家庭的开源节流，增加家庭收入。

那么该如何制订家庭的理财目标呢？一般可以从如下几方面入手。

①分析家庭的资产、负债、现金流情况，了解要实现理财目标可动用的相关资产详情，可通过编制家庭的资产负债表、现金流量表及收支表等来清晰地表达，也方便下一步理财目标的制订。

②将家庭的理财目标阶段化和数字化，明确家庭正处于生命周期的哪一个阶段，以及每一个阶段的长、中、短期目标，将目标细化，还可以将理财目标可实现的渠道进行细化。

③了解理财市场，根据自身风险偏好，选择适合的理财产品，可将相应理财产品与理财目标进行配比，形成对应的理财规划方案。

④分析理财方法的预期效果，及时对理财方案进行查漏补缺，确保理财方案的正确性及可执行性。

⑤将相应的理财方案投入市场，接受市场的检验，同时在市场、收益、时间等因素影响下，对理财目标、理财产品进行调整，以适合家庭为核心。

每个家庭的理财目标都不同，但相同的是都可以通过制订相应的理财计划来实现理财目标。

制订理财计划属于理财技能的一种，相对来说较简单，只要具有一定的理财观念，养成理财习惯，同时了解自身的财务状况，从实际出发，就能为自己制订一份合适的理财规划方案。

在制订理财目标时要注意兼顾未来与现在，即在制订短期目标时，要考虑中长期目标实现的可能，不应为了实现短期目标而导致中长期目标不能实现，这对家庭的长期发展来说是不利的。

1.4 聪明人的"粮草"，轻松备

古语有云："兵马未动，粮草先行"，在理财市场开疆拓土之前，我们还需要为自身准备足够的"粮草"，一般可以从两方面入手：金融常识和税务知识。

1.4.1 金融常识简单理一理

有关金融常识我们可以简单地从金融市场和金融工具两大方面去了解。金融市场常识又包括市场种类、产品发行、市场交易等相关常识；而金融工具常识则比较多，简单分类为银行金融、基金、债券、股票、金融衍生工具等基础常识。

◆ 金融市场常识

金融市场本质上是各类理财产品与资金流动的市场，其基本要素包括市场、发行、交易等。

①金融市场主要包括货币市场、资本市场、外汇市场和黄金市场等，其中货币市场与一些短期理财金融工具相关，如短期银行存款、短期银行理财、短期国债等；而资本市场主要指中长期的银行储蓄、债券、股票、基金、保险等市场；外汇市场和黄金市场则分别是针对外汇投资和黄金投资的市场。

②各类金融工具主要通过证券市场进行发行和交易，证券发行市场主要由证券发行人、证券投资者、证券中介机构三部分组成，如我国的国债，

发行人为国家，投资者为符合条件的公民，中介机构为银行。证券发行市场为一级市场，交易市场为二级市场，两个市场相互依存、相互制约，不可分割，而根据证券发行时面向的群体不同，一般还可以分为公募发行和私募发行。

③不同的金融工具，其市场交易规则、交易风险、交易程序等存在一定的差别。在后面介绍金融工具时，我们会详细说明具体的使用细节。

◆ 金融工具常识

由于市场金融工具及金融衍生工具较多，现在我们仅简单说明其基本常识。

①金融工具主要包括基金、债券、股票、黄金、外汇等，下面从银行金融常识和其他金融工具常识进行介绍。银行金融常识与银行、银行产品、银行交易息息相关，如存款准备金、关联交易、通货膨胀等常识；而其他金融工具常识主要包括发行人、管理人、托管人、发行方式、预期收益、交易规则、交易程序、交易风险等方面。

②金融衍生工具一般是在货币、债券、股票等传统金融工具的基础上衍化和派生出来的，以杠杆和信用交易为特色，如期货合约、期权合约、远期合同、互换合同等。而在实际的使用过程中，我们常根据两类标准划分金融衍生工具，一类是按照产品类型，可分为远期、期货、期权、掉期四大类；二类是按衍生工具的原生资产性质，可分为股票类、利率类、汇率类、商品类。

无论是金融工具选择还是在金融市场中进行交易，我们都需要遵循一定的规则，简单说明如下。

①不要将闲置的资金放到活期账户，因为存在通货膨胀，长期下来，账户里的钱越来越不值钱，无论是选择银行理财还是债券、股票、基金，

都可以在一定程度上抵御通货膨胀。

②当投资经验、投资技巧、投资常识缺乏时，人生的第一笔投资最好不要轻易尝试一些高风险的理财，如股票或杠杆交易类产品。可以从一些低风险的理财产品入手，初期以求稳为主。

③对于理财经理的建议要辩证看待，最好让其从自身家庭需求、闲置资金、风险承受能力、理财目标等因素综合考虑，制订适合我们的理财方案，不要盲目听信其高收益的产品说明。

④理财需要长期坚持，要有长期理财的准备及投资心态。

⑤对于所谓的内部消息要慎重，不要轻易做决定，从产品的市场行情分析着手才是根本。

⑥在 30 岁前，投资自我很重要，包括职业投资、理财投资，这样有助于在 30 岁后，通过理财，让钱生钱。

⑦在金融工具选择上，要注意收益和风险同时考量，不能只看到收益，风险控制也很重要。特别是投入本金不低时，保障本金安全很重要，而规避风险最好的办法不是逃避风险，而是根据家庭实际，选择组合投资，分散理财投资风险，获得组合收益。

⑧在计算收益时，要考虑产品的时间和复利价值，不要盲目追求短线投资，家庭理财的目的是实现家庭长期稳定的财富积累。

对于金融常识，我们只做了大概分类，之后我们会详细说明有关内容。同时个人或者家庭在日常生活或工作中，也可以通过线上线下的学习、交流与沟通，多多积累相关理财知识。

1.4.2 税务知识轻松记一记

从两家单位收到工资或报酬，个人所得税怎么交？每月驻外补贴的个人所得税怎么办？金融理财要不要交税，交多少……

税务离我们并不远，甚至与我们的收入直接挂钩，因此了解一些税务知识就很有必要。对于税务常识我们可以从税收分类、纳税主体、税率、纳税期限、优惠政策等进行了解。

◆ 税收分类

我国的税收，根据不同的分类标准，可以大致分为如表1-1所示的几类。

表 1-1 税收分类

分类方式	说　明
征税对象	一般分为流转税、所得税、财产税、资源税、行为税，流转税包括增值税、消费税等；而所得税包括企业所得税和个人所得税；财产税常见如房产税；资源税主要包括土地增值税、耕地占用税、城镇土地使用税等；行为税主要包括城市维护建设税、印花税等
税率的计算	一般分为比例税、累进税、定额税
计税标准	一般分为从价税、从量税、复合税
征收延续时间	一般分为经常税和临时税
税收和价格关系	一般分为价内税和价外税
特定用途	一般分为一般税和目的税
税制的总体设计	一般分为单一税和复合税
是否构成独立税种	一般分为正税和附加税
税收负担是否转嫁	一般分为直接税与间接税

此外，根据税法的立法目的、权益划分、适用范围及职能作用的不同，还可作不同的税收分类。

◆ 纳税主体

我国的税收纳税主体，一般指在税收法律关系中依法履行纳税义务、缴纳税款的自然人和法人。

◆ 税率

我国税收的税率是指对征税对象的征收比例或征收额度，包括比例税率、累进税率、定额税率等形式，如我国消费税就包括比例税率和定额税率；工薪收入就按超额累进税率计税。不同的征税对象，税率存在一定的差别。

◆ 纳税期限

纳税期限是指税法规定的关于缴纳税款时间方面的限定。不同的税种，纳税期限规定不同，如我们的工资应缴纳的个人所得税实行代扣代缴，在实发工资之前，单位会计算员工的实发工资及个人所得税税金，于规定时间内在网上做综合申报，申报完成以后去银行缴款。

◆ 优惠政策

国家为了稳就业、保就业、促消费，在税收方面会给予纳税人一定的优惠，如降低税率或免征。

根据国家税务总局发布的《关于进一步简便优化部分纳税人个人所得税预扣预缴方法的公告》：

"对上一完整纳税年度内每月均在同一单位预扣预缴工资、薪金所得个人所得税且全年工资、薪金收入不超过 6 万元的居民个人，扣缴义务人在预扣预缴本年度工资、薪金所得个人所得税时，累计减除费用自 1 月份起直接按照全年 6 万元计算扣除。"

简单理解，比如章先生是 C 单位员工，年收入 5 万元，并且在 2020 ～ 2021 年一直在 C 单位工作，单位在 2020 年每月都为章先生办理了全额扣缴明细申报。

在 2020 年 1 月份，单位给他发放了工资 1 万元，其他每月发放 4 000 元，在不考虑五险一金的情况下，章先生 1 月需预缴个税：（10 000－5 000）×10%－210＝290（元）。其他月份无须预缴个税，但要做预缴申报。因为其年收入不足 6 万元，故通过汇算清缴，今年可退税 290 元。

当然，国家的税收优惠还体现在各种专项附加扣除上，专项附加扣除一般需要在上一年度提前进行申报，主要包括子女教育、继续教育、住房贷款利息、住房租金、大病医疗和赡养老人等，具体如表 1-2 所示。

表 1-2　税收优惠专项附加扣除

项　　目	明　　细
子女教育	孩子年满 3 岁且处于学前阶段或孩子正在接受全日制学历教育，可享受每个子女每月 1 000 元的标准定额扣除
继续教育	纳税人在中国境内接受学历（学位）继续教育的，可以在学历（学位）教育期间按照每月 400 元定额扣除。 不过，同一学历继续教育的扣除期限不能超过 48 个月，纳税人接受技能人员或者专业技术人员职业资格继续教育的支出，在取得专业证书的当年，可享受 3 600 元的定额扣除
住房贷款利息和住房租金	纳税人或者配偶在中国境内属于首套住房贷款，可按照每月 1 000 元标准定额扣除，最长期限为 20 年。如果在工作地无住房的，可根据不同的城市标准，享受住房租金定额扣除，但在同一个纳税年度内，贷款利息和租金不能同时享受专项扣除
大病医疗	在一个纳税年度内，纳税人在扣除医保报销后，当个人缴费超过 1.50 万元的部分，在纳税人办理年度汇算清缴时，在 8 万元的限额内按照实际花费扣除，其中未成年子女的医疗费用支出，可以从父母的纳税额度里扣除
赡养老人	纳税人赡养父母或者祖父母、外祖父母，年龄在 60 岁及以上，并且满足一定的条件，如果纳税人为独生子女，可享受每月 2 000 元的标准定额扣除，如果非独生子女，与其他兄弟姐妹平摊 2 000 元扣除额度

根据如上的扣除标准，如果李先生为独生子，父母年纪在 50 岁左右，

目前单身，在每月扣除五险一金后，月收入为 6 000 元，其中每月按揭还款 2 500 元，那么他可以申报哪些专项扣除呢？

因为其年收入高于 6 万元，按理来说全年是需要缴纳一定税收的，但因为单身无孩子，父母年纪未满足条件，每月需还房贷，所以他只能享受每月 1 000 元的房贷利息定额扣除，其他优惠不能享受。

享受了专项附加扣除后全年是否还需缴纳个人所得税，就看应纳税所得额是否超过 6 万元。

了解基础的税务知识，定时了解最新优惠政策，及时申报，可以在一定程度上为我们节省开支，增加工薪收入，丰富资产，当我们进行投资理财时，就有足够的本金。

1.5 聪明人的财商，有名堂

在职场要想升职加薪，需要智商与情商都给力，同时还需要时间、机遇和伯乐，而家庭想要积累一定的财富，除了智商与情商以外，还需要财商的加入。

财商，简单来说就是个人或集体认识、创造、管理财富的能力，财商是与智商、情商并列的现代社会能力三大必备素质之一。

不同的人，智商、情商有高低不同，那么聪明人的财商又有何不同呢？在日常生活中该如何提高个人财商呢？

1.5.1 你了解你的财商指数吗

我们的智商和情商高低可以通过测试知道，而财商的衡量相对复杂，但同样可以通过测试简单了解。

理财实例

简单做个财商小测试

首先，此次测试采用累计积分模式；其次，总分是根据每道测试题的选项分数累计；然后，本次测试总计 20 题；最后，本测试不代表实际财商高低，实际财商能力还需要结合个人实际情况后综合判定，测试仅作为一个参考。

财商测试目前国际上还没有统一的标准，但大同小异，主要从财富的认知、获取、运用能力等方面去考量。

①对于财富认知能力的测试，具体如图 1-1 所示。

1. 你即将有 14 小时的飞行旅行，而包里只放得下一本书。你想从两本书中做选择，其中一本书是你最喜欢的作者的书，但他最近出版的书却令你相当失望。另有一本热门的畅销书，可除了畅销之外你对它一无所知。你会：

○ A. 选择畅销书

○ B. 选择你喜欢的作者的新书

2. 你去买正在上映的某知名电影的电影票，你要买 8 时 30 分的票，售票员却告诉你票已经卖完了，只剩下午和夜场的票。她还告诉你，8 时 45 分在小厅有一个新电影上映，不过你没有听过那部新电影的名字，你会：

○ A. 购买新电影的票

○ B. 买午夜场的票

3. 你去专卖店买衣服，看中一款上衣，但你喜欢的颜色缺货。导购告诉你，在其他连锁店肯定有，不过现在是打折季节，不能为你特别保留。你会：

○ A. 马上赶到另一家连锁店

○ B. 买下手中的裙子

4. 下列哪件事会让你最开心：

○ A. 你在报纸竞赛中赢了 10 万元

○ B. 你从一个富有的亲戚那里继承了 10 万元

○ C. 你冒着风险，投资的 2 000 元期权带来了 10 万元的收益

○ D. 任何上述一项，你很高兴 10 万元的收益，无论是通过什么渠道

图 1-1 财富认知能力测试

选择没有好坏，不同的选择只能代表不同的结果，在人们对财富有一定的认知后，就需要去获取财富，而对于财富获取能力也能简单测试。

②对于财富获取能力的测试，具体如图 1-2 所示。

8. 专家估计一些资产，如金、珠宝、珍藏物和房屋(实质资产)的价格会上升，而债券的价格会下跌，但他们认为政府债券相对比较安全。如你现时持有大量政府债券，你会：

○ A. 继续持有

○ B. 把债券卖掉，然后把得来的资金一半投资到货币市场，另一半投资到实质资产

○ C. 把债券卖掉，然后把所得来的资金投资到实质资产

○ D. 把债券卖掉，除了把所得来的资金投资到实质资产，并向别人借钱来投资实质资产

9. 你购买一项投资，在一个月后暴涨了40%。假设你找不出更多的相关信息，你会：

○ A. 卖掉它

○ B. 继续持有它，期待未来可能更多的收益

○ C. 买入更多，也许它还会涨得更高

10. 你为一家私营的呈上升期的小型电子企业工作。公司在通过向员工出售股票募集资金。管理层计划将公司上市，但要至少4年以后。如果你买股票，你的股票只能在公司股票公开交易后，方可卖出。同时，股票不分红。公司一旦上市，股票会以你购买的10-20倍的价格交易。你会做多少投资：

○ A. 一股也不买

○ B. 一个月的薪水

○ C. 三个月的薪水

○ D. 六个月的薪水

图 1-2 财富获取能力测试

财富的获取渠道有很多，在实际情况下，很难确定最佳渠道，适合自身才重要。

当家庭获取一定财富后，还需要实现财富"滚雪球"，也就是用钱生钱，此时就要考验个人或家庭的财富运用能力。

③对于财富运用能力的测试，具体如图1-3所示。

个人对于财富的运用与个人的理财习惯、资产结构、收支管理、风险承受能力相关，不同的个体，其最终体现出的理财选择也不同。

如下图所示，当你拥有2万元的投资本金，你是会将其全部用于买股票、债券、基金中的某一种，还是在不同的理财产品中进行组合投资，在组合投资时又会如何分配投资比例？

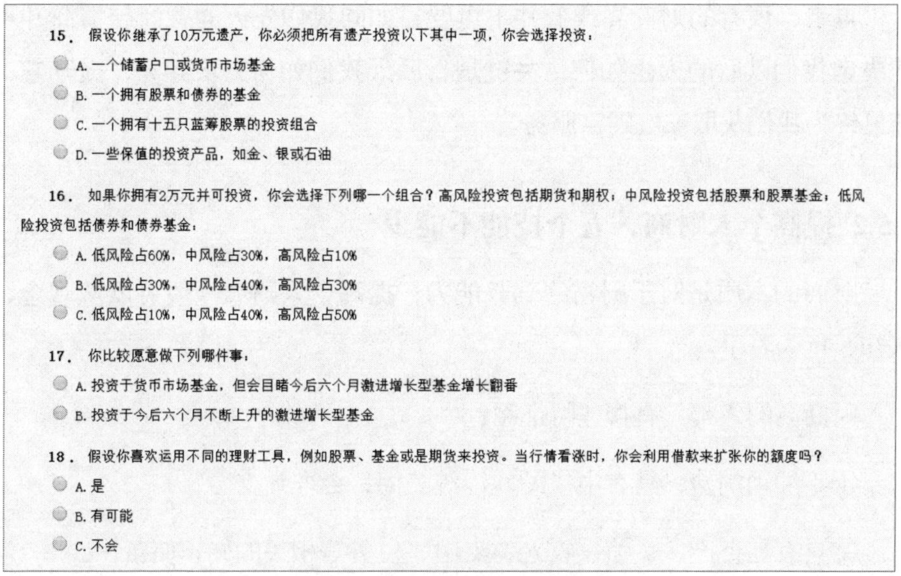

图 1-3　财富运用能力测试

④当我们完成所有的测试题以后，一般会得出一个测试结果，具体如图 1-4 所示。

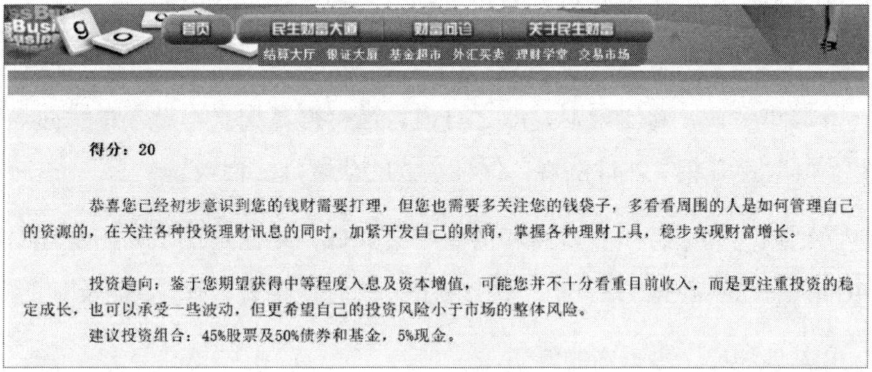

图 1-4　财商测试结果

现在财商测试还没有统一的标准，测试得分高低也不能代表一个人的实际财商能力。

再者，现有的财商高或低并不重要，如同我们先天的智商与情商并不能决定我们以后的人生如何，关键是看后天我们如何去培养它、提升它，并最终为我们获取家庭财富服务。

1.5.2 提高个人财商，五个技能不能少

财商的本质是对于财富的驾驭能力，提高个人财商一般可以从观念、认知、行为着手。

财商高的人都具有哪些特征呢？

①不冲动消费，具有中华民族传统美德，合理开支。

②具有与资产、负债、收入、支出、税务等相关的知识储备。

③具有正确的财富观，理财心态良好，不会追求一夜暴富。

④了解家庭财务周期，并制订理财规划，明确理财目标。

⑤具有一定的市场分析能力、抗风险能力、投资理财能力，能抓住市场机遇，果断出手，实现家庭财富积累。

⑥尊重金钱，君子爱财，取之有道，懂得财富积累不是人赚钱而是钱生钱，同时遵守相关法律法规，保证金钱的获取合法合规。

⑦财商高的人，一般智商和情商不会太低，无论是在职场还是理财市场中都具有乐观心态，并且勇于迎接挑战，同时懂得有舍有得，能及时止损。

⑧其他能展示高财商的特质。

财商可以通过后天养成并提高，如何提高个人财商，几个常见技能简单说明如下，仅供参考。

◆ 树立正确的金钱观、理财观、消费观

正确的金钱观有助于我们正确认识金钱与财富，并且通过合理合法的渠道获取财富。

正确的理财观有助于我们在理财的道路上少走弯路，同时制订的理财计划及目标更符合自身实际。

正确的消费观有助于实现家庭的开源节流，实现家庭收支的良好管理和家庭资产的保值增值。

◆ 投资自我，不断学习相关知识

在职场之外，我们还需要投资学习一些财商知识或理财知识，可以通过线上线下学习及与专业人士交流，借鉴相关经验，不断丰富并储备个人财富"干货"，为在理财"战场"上获取财富打下基础。

◆ 资源优化配置能力

资源优化配置能力主要体现为个人对家庭资产、负债、现金流进行梳理，制订相应的理财计划，明确理财目标及风险承受能力，选择适合自身的理财工具，实现家庭资源的优化配置。如家庭闲置资金 1 万元，对于低风险、中等风险、高风险理财产品的投资比例分别为多少，不同的家庭分配比例不同。

◆ 具备一定的法律常识

在个人财富积累的道路上，了解相关法律法规很重要，如《民法典》《公司法》等，这些法律常识能让我们获得财富更有理有道、合理合法；此外，还需要时刻关注国家政策，特别是一些优惠政策，这能让我们更快达到开源节流的目标，比如年收入 6 万元以下免征个人所得税，满足一定条件的，可享受专项附加扣除。懂法、用法才能更好地维护我们自身的权利。

◆ 具备长远的格局

无论是处在职场还是理财市场，智商、情商或财商都需要开发与培养，都具有长期性，而财富的创造与积累更需要有长远眼光，以获取长期收益，所以无论是财商培养还是理财选择，都要有长远的眼光、宽广的格局。

在日常生活中，不断提高个人财商，能使我们在市场机会来临时，更好地抓住机遇，通过市场分析，做出更好的决策，从而让我们的理财计划更具实操性，让我们的理财目标实现的概率提高。

不断储备各种理财"干货"，实现理财目标阶段化、数字化，通过钱生钱，实现财富积累，能使我们的家庭获得长期稳定的幸福。

1.5.3 属于聪明人的理财六技巧

理财在一定程度上是财商高低的重要体现，但在理财的道路上，人们容易走入部分误区，比如下列所示的一些。

①理财的前提是有一定的资金，薪水低的不用理财。

②看到有人购买某理财产品获得盈利，就跟风而入。

③因为经验、偏好、家底等因素，将所有闲置资金投资于一类产品，如只投资股票或基金。

④投资心态不稳，缺乏市场分析，一涨就卖，越跌越不卖，认为通过理财可以实现高收益或者一夜暴富。

⑤理财注重当下，不做长远规划，喜欢短期投资，频繁进行短线操作。

⑥将所有的闲置资金用于理财，没有给家庭预留紧急备用资金。

⑦在制订理财规划时，认为自己还年轻，不需要保险。

为了规避这些理财误区，我们可以掌握一定的理财技巧，简单说明如下。

◆ 储备理财知识

即使不懂理财知识，也可以从零开始。所有的理财成功者，都是从零开始，经过市场检验，不断试错、改正，最终实现资源配置的最优化。

◆ 明确理财关键点

理财会经历攒钱、生钱、护钱这一过程，在这一过程中，会体现出个人对于金钱的不同驾驭能力。不同个体，其管钱能力不同。但无论哪一类人群，理财的起点都是攒钱，钱生钱是财富积累的重点，最后是实现财富的保值增值，即护钱。

攒钱主要体现在对每月工薪收入的计划分配上，如将 10% 的工薪收入存入银行；生钱则体现了个体通过理财规划，对各类理财产品，如银行储蓄、债券、基金、股票的不同投资选择；护钱更多的是体现在对家庭未知意外支出的预防上，即各类保险配置。

◆ 明确理财时机

什么时候理财最好？对于年轻人来说，是不是需要闲置资金达到 10 万元或以上才能开始理财？理财的时机一般越早越好，而对于理财的金额，没有固定限制，理财从小钱开始，通过长期积累，小钱也能生大钱。

◆ 养成良好的理财习惯

理财人要勤俭节约，开源节流，同时养成长期记账的习惯，这有助于合理规划家庭支出。

◆ 做好资金分类

一般不建议个人或家庭将全部的资金用于投资理财，对于家庭的闲置资金，根据用途可分为基本生活消费、家庭应急资金、可用理财资金，所以每月薪水至少应分为三部分，具体比例根据家庭需求而定。

◆ 制订理财规划

理财规划需要考虑成本、收益、风险、期限、流动性、目标等因素，并且在实际操作中不断调整，使其更符合家庭需求。

人人都能理财，但并非人人都能理好财，关键是看能否树立正确的金钱观和理财观，能否走出误区，掌握一定的理财技能，实现资源优化配置。

第2章

摸清财力是聪明投资的前提

　　对于工作者来说，不管处于哪一行业，收入如何，每月花销多少，储蓄高还是低，都有自己的家底，那么家底除了资产是否还有负债？每月收入怎么分配？每月怎么开支，才能让钱包鼓起来？银行卡每月有余额吗？家庭财务不健康怎么办？解决这些问题的关键在于摸清财力，慧开源，巧节流。

2.1 家底有多少，简单算一算

无论是消费还是理财，首先得知道自己家里资产有多少？有没有负债？每个月的收入能结余多少？有多少闲置资金能用于理财？然后才能明确家庭风险承受能力，从而制订理财目标，并做出相应的理财规划。

2.1.1 你的资产都算资产吗

每月工薪收入算不算资产？租赁的房屋算资产还是负债？借给同事5 000 元算资产还是负债……

你认为自身资产有哪些？你的资产都能算资产吗？对于资产，我们可以从资产定义、资产特征、资产分类和资产负债表这几个方面去了解。

（1）资产定义

家庭资产一般是指家庭拥有的，能以货币计量的财产、债权及其他权利，其中财产主要指金融资产及实物资产，债权指出借给家人以外的人员或者机构的金钱或其他资产，而其他权利是指家庭拥有的一些无形资产，如各类专利技术所有权。

（2）资产特征

家庭资产具有一定的特性，并且需要满足一定的条件才能算作家庭资产，简单说明如下。

①家庭资产是由过去的交易或者事项获得，比如通过工作获得的工薪收入、理财收益、兼职收入、按揭房屋等，它是现时的资产，不是预期的资产，比如预期未来 3 个月的工薪收入为 3 万元就不能算作家庭资产，它具有不确定性，万一未来 3 个月失业、降薪，这样的收入就不能算作资产。

②家庭资产对于个体或者家庭成员来说，是完全归属于个人或家庭的，

如租赁的房屋就不能算作个人的资产；作为技术人员，利用公司平台及资源开发的专利权，一般也不归属于个人，不能算作个人资产。

③资产预期能给家庭带来一定的经济利益，简单来说，家庭的资产可以直接或者间接地带来现金或者现金等价物的流入。

④当资产已经被交换或者损毁，不能给家庭带来经济利益时，就不能算作家庭的资产，比如报废的车辆，或者已卖掉但暂未搬出的房屋。

⑤家庭资产价值能够可靠地以货币计量，比如月薪收入 5 000 元，房屋价值 120 万元。

（3）资产分类

不同的分类标准，让家庭资产的分类不同，我们可以按照资产的流动性和资产的属性进行划分。

◆ 按流动性划分

按资产流动性划分，家庭资产可以分为固定资产和流动资产，固定资产是指房屋、汽车、物品等具有实物形态的资产，又可以细分为投资类和消费类固定资产；而流动资产是指现金及现金等价物、股票、债券、基金等具有较好流动性的资产。

◆ 按资产属性划分

按属性划分家庭资产可分为金融资产、实物资产、无形资产等。金融资产又可以分为流动性资产和投资性资产；实物资产就是住房、汽车、家具等具有实物形态的资产；无形资产就是专利、商标、版权等知识产权类资产。

（4）资产负债表

如同企业可以用资产负债表对企业的资产和负债进行统计，家庭的资产和负债同样有专属于它的家庭资产负债表，不过统计的项目及数据相对简单。家庭资产负债表中的资产一般分为四大类，流动资产、金融资产、实物资产和其他资产，其中金融资产就是常见的理财工具。

如何制作属于家庭的资产负债表呢？看下面一个例子。

理财实例

根据家庭的资产与负债，制作家庭资产负债表

刘先生，26 岁，每月税后收入 0.50 万元（扣除了社保和住房公积金），住房公积金每年 3.50 万元，每年奖金 1.20 万元。

现有现金 0.10 万元，活期储蓄 0.50 万元，定期存款 5 万元，住房公积金 10 万元，银行理财 1 万元；债券和基金分别为 2 万元，其中货币基金投资为 0.50 万元；股票投资 2 万元；借给朋友 2 万元；信用卡 0.50 万元；短期负债 2 万元。

公司配车，非本人所有，只有使用权，每月生活支出平均 0.10 万元，日常消费支出平均 0.30 万元，他还购买了一份理财与健康兼顾的保险，年交保费 0.50 万元，每年春节回家给父母 2 万元。表 2-1 所示为刘先生的家庭资产负债表，单位为元。

表 2-1　家庭资产负债表

资产项目		期　初	负　债	期　初
流动资产	现金	1 000.00	流动负债	信用卡	5 000.00
	活期存款	5 000.00		应付款项	0.00
	定期存款	50 000.00		短期贷款	20 000.00
	货币基金	5 000.00		其他	0.00
	应收账款	20 000.00			
	其他	0.00			
流动资产合计		81 000.00	流动负债合计		25 000.00

续表

资产项目		期　初	负　债		期　初
金融资产	银行理财	10 000.00	自用负债	房产贷款	0.00
	债券	20 000.00		汽车贷款	0.00
	基金	20 000.00		创业贷款	0.00
	股票	20 000.00		其他贷款	0.00
	黄金	0.00			
	期货、外汇	0.00			
	保险理财	5 000.00			
	其他投资	0.00			
金融资产合计		75 000.00	自用负债合计		0.00
实物资产	自住房产	0.00	投资负债	投资性房贷	0.00
	汽车	0.00		实业投资贷款	0.00
	投资性房产	0.00		其他	0.00
	收藏品	0.00			
	其他	0.00			
实物资产合计		0.00	投资负债合计		0.00
其他资产	无形资产	0.00			
	遗产	0.00			
	其他	0.00			
总资产合计		156 000.00	总负债合计		25 000.00

如上例所示，家庭资产负债表，主要包括资产与负债两大部分。编制时，从家庭的流动资产、金融资产、实物资产、其他资产、流动负债、自用负债和投资负债等项目去列示，在每一个大项目下又进行详细的分类。

家庭资产多少与个人收入高低及渠道相关，而家庭的负债则与家庭的支出、需求、风险相关。

要想增加家庭资产，就需要从各渠道开源节流，如上例所示，增加家庭的流动资产、金融资产、实物资产，同时投资自我，实现自我升值，提高工薪收入，规划收支，积累人生第一桶金，实现财富增值，生生不息。

2.1.2 负债多少算合适

家庭负债一般是指家庭对外的借贷资金，是家庭成员所欠的非家庭成员之间的债务、银行贷款、应付账款等。

个人如何统计家庭负债？首先我们要对负债有基本认知，可以从分类、特征、控制等方面去理解。

（1）负债分类

家庭负债根据到期的时间长短划分，常分为长期负债和短期负债，把偿还期限在一个月以内的负债定义为短期负债，如每月需要支付的水电费；偿还期限在一个月以上或者很多年都需要每月偿还的负债定义为长期负债，如每月的房屋按揭还款就是典型的长期负债。

但家庭的资产负债与企业的资产负债存在一定差别，不需要外部审计，自由度比较高，所以也没有固定的标准，如有的家庭将短期负债定义为一年内到期的负债；一年及以上的负债为长期负债。

无论哪一种分类,都可以根据家庭的财务周期来确定,如以周、月、季度、年等不同的周期来统计。

（2）负债特征

与家庭资产一样，家庭负债同样具有相关特征，并不是所有的负债都要确认为家庭的负债，确认为家庭的负债需要满足如下条件。

①家庭负债是一种现时的义务，未来会发生的义务不能确认为家庭的

负债，如预期未来会借一笔装修费用 5 万元，就不能确认为家庭的负债。如果借款 5 万元还未到家庭账户，但是已经签订了相关合同，并且合同具有法律效应，通常要确定为家庭负债。

②如果清偿家庭负债，预期将导致一定的经济利益流出家庭，比如每月用家庭现金偿还房屋贷款 0.30 万元。

③家庭负债是由过去的交易或事项形成的，家庭需要偿还的债务都是在过去发生的，如每月的按揭还款，是因为过去的购房交易而形成的，因此未来小房换大房这种将发生的债务不能确认为负债。

④家庭的负债需以法律、条例、合同契约中的承诺为依据，对于一些因口头承诺而发生的负债，对借款人来说具有一定的风险，最好还是留有书面依据，这对借款人和还款人来说都比较好。不过现在微信聊天记录也能作为一种法律依据，所以不要轻易删除聊天记录。

⑤家庭需要偿还的负债能够以货币进行可靠的计量，如每月按揭还款3 815 元，就是将需要偿还的负债数字化。

⑥家庭的负债都有明确的债权人和偿还日期，如银行借款 30 万元，偿还期限为 30 年，每月还款 1 800 元。对于还款期限不明确的借款，如朋友借款 10 万元，可以根据家庭收支做一个简单的预估。

（3）如何控制家庭负债

对于年轻人来说，每个月发了工资，交了房租、水电费以及偿还信用卡以后，剩余的资金只够家庭日常开销，有时候甚至会入不敷出。

对于家庭来说，每月的房贷、教育、医疗等支出构成每月负债，其中固定负债与消费负债也是一笔很大的数字，不管收入如何，或多或少都有一定的负债，那么家庭负债为多少才合适呢？

一般用资产负债率来衡量家庭的负债是否合适，资产负债率＝（负债总额／资产总额）×100%。不同的家庭，资产负债率不同，家庭负债率从10%～50%不等。如何管理家庭负债？如何检测家庭财务是否健康？家庭财务健康指标有哪些？在本章后面我们将详细说明，这里只做简单介绍。

家庭要合理地控制自身负债，良性负债能让资产增值，不良负债则可能给家庭带来一定的经济危机。

当然对于家庭来说，还可用负债收入比率来衡量一个家庭的偿债能力，该比率同样不能过高，一般认为临界点为40%，具体公式为：负债收入比率＝月还款金额／月收入。

理财实例

检测一下家庭负债是否过高

张先生在一家民营企业工作，每月税后收入6 500元，每月房租1 500元，生活支出2 500元，有一辆车，车贷每月2 000元，还款期限为3年，还剩一年还清，其他支出200元，每月结余不多，家庭年收入10万元左右。目前有存款2万元。

根据如上案例，张先生的负债是否过高呢？根据相应的公式：

负债收入比率＝月还款金额／月收入＝2 000/6 500=30.77%

通常认为负债收入比率的临界值为40%，张先生的家庭负债在临界值以下，说明家庭收入对短期负债的偿还具有一定的保证。虽然张先生存款不多，但对家庭来说还是具备一定的应急资金。然而张先生目前的收入及负债状态，已经不能再增加其他的负债了，如短期借款或者购房，一旦收入增加的比率赶不上负债增长的比率，将给家庭带来很大的经济压力。

对于张先生来说，早日还完车贷，控制日常消费支出，为闲置的资金找到生钱渠道是根本，这样不仅可以更快实现财富积累，还能降低家庭负债比例。

无论是家庭的资产还是负债，都需要像经营我们的事业一样去管理，只有这样才能实现家庭财富积累，获得长久稳定的幸福。

2.1.3 月月盈余有技巧

同样税后 5 000 元的收入，有的家庭能有一定的结余，有的家庭却"月光"，有的家庭甚至要提前消费，为什么会有这样的差异呢？

简单来说，还是家庭收支管理的差异，无论收支高低，对家庭的收支管理都要有计划、有目标、有动力。

家庭的收支管理可以运用家庭的现金流量表，它与家庭资产负债表相呼应，主要反映的是家庭各种收入与支出导致的家庭现金及现金等价物流入或流出家庭的情况，如李女士制作的家庭现金流量表。

理财实例

简单制作家庭现金流量表

李女士税后年收入为 25 万元，平时奖金加上年终奖为 5 万元，每年津贴 2 万元，每年可获得银行利息收入平均在 6 000 元左右，每年可获得红利 2 000 元。

而在家庭支出方面，李女士每月的衣物及美容、美发、化妆品支出在 2 500 元左右，其中衣物平均为 2 000 元；饮食支出在 4 000 元左右。水电费每月支出在 250 元左右，每月手机话费在 150 元左右；每月油费在 800 元左右，每年保费在 3 600 元左右，每年保养费在 2 000 元左右。

偶尔家庭还会有一些意外开支，比如人情往来、旅行、给父母赡养费等，在这里她没有进行统计，其他具体明细如表 2-2 所示。

表 2-2　家庭现金流量表（年度）

现金流入项目	金　　额	现金支出项目	金　　额
一、工资薪金所得		一、消费支出－衣	
工资薪金	250 000.00	家庭衣饰	24 000.00
奖金、年终奖、劳动分红	50 000.00	洗衣	0.00
津贴、补贴	20 000.00	理发、美容、化妆	6 000.00
退休金	0.00	二、消费支出－食	
其他工资、薪金所得	0.00	日常饮食	48 000.00
二、利息、股息、红利所得		零食	1 200.00
1. 利息收入		在外用餐餐费	36 000.00
银行存款利息	6 000.00	三、消费支出－住	
债券利息	0.00	水电气	3 000.00
其他固定利息收入	0.00	日用品	2 400.00
2. 股息红利收入		电话费	1 800.00
优先股股息	0.00	四、消费支出－行	
普通股红利	2 000.00	油费	9 600.00
信托红利	0.00	保险费	3 600.00
基金红利	0.00	停车费	5 280.00
其他股息、红利收入	0.00	保养费	2 000.00
现金流入合计	328 000.00	现金流出合计	142 880.00

　　如上表所示，家庭现金流量表，从家庭的收入和支出两大方面进行统计，而相对于家庭的收入，家庭支出的项目更多，要想实现家庭盈余，就需要对这些收入与支出项目进行管理。对于年轻人来说，要想实现每月有一定的盈余，有如下小技巧可供参考。

　　◆　坚持记账

　　特别是对于每月的消费支出，在每月消费前，最好制订一份消费清单，做一份消费预算，包括固定支出、消费支出和其他支出等，通过制订消费预算，将家庭的消费控制在一定范围内，避免冲动消费。每月根据实际消费，对下月消费预算做出一定的调整，从根本上实现节流。

◆ 强制储蓄

对于无积蓄或者积蓄较少的年轻人来说，要养成强制储蓄的习惯，哪怕每月强制储蓄 100 元或基金定投 100 元，积少成多，也能让家庭有盈余，并为实现家庭开源积累本金。

◆ 少负债

对于年轻人来说，随着年龄增长，家庭进入新的阶段，房贷、车贷、孩子、教育、养老、医疗等消费项目不断增加，家庭负债也成正比增长，所以要合理规划家庭负债。对于一些消费负债，要合理控制，特别是衣、食、住、行、旅游、购物等提前消费导致的负债；对于非必要的负债，尽量少有或控制在家庭可承受的范围内，减少家庭资金的流出及减轻家庭经济压力。

当然，除了如上技巧，在职场中，通过升职加薪，提高家庭收入；在理财市场，通过合理规划和理财产品的合理配置，增加家庭的其他收入，也能提高家庭的盈余。

家庭的盈余本质是家庭收入与家庭支出的差额，要想实现家庭盈余，家庭的收入一定要高于支出，家庭收入增长比例要高于支出增长比例。家庭盈余多少才好，不同的家庭其需求、目标、规划、风险、资源等不同，盈余目标也就不同，不能一概而论，适合最好。

2.2 巧支出，兜里才有钱

对于家庭来说，生活中处处是支出，每天上班在消费，下班也在消费，每天不见工资却看得见消费。而自从网络支付蔓延至生活的方方面面以后，每天的消费也变得模糊了。只知道每次发完工资，扣掉支出，卡里余额已经不多了，那么如何才能使卡里余额多一点？兜里有点钱？巧支出是根本。

2.2.1 巧制家庭消费明细单

家庭的支出管理主要包括做预算、消费、预算调整这几个过程，因此我们可以制作一份消费明细单来管理我们的支出，包括期初预算和实际消费。在此基础上我们需要根据本期实际消费调整下月消费支出预算，使我们的支出更合理，从而实现家庭的盈余。

家庭预算是反映家庭未来一定时期收入和支出的计划，时间选择具有自由性，可以以日、月、季、年为制作日期。家庭预算类似于家庭的收支表，能使我们更好地了解家庭资金流动情况，实现理财目标，并且引导、监控、制约各项支出。

制作家庭的消费明细单，我们可以从日期、消费内容、预算金额和消费金额等内容入手，来看下面一个小案例。

理财实例

制作家庭的消费明细单

张先生毕业后就在 A 公司上班，扣掉社保和住房公积金到手收入每月为 6 000 元，现有存款 5 万元。活期储蓄 1 万元，股票 2 万元。女友在一家事业单位上班，扣除社保和住房公积金以后每月到手收入 4 000 元，女友现有存款 2 万元，活期储蓄 5 000 元，两人每月消费明细单如表 2-3 所示。

表 2-3　消费明细单

类　别	内　容	预　算	消　费
消费支出	衣物	1 000.00	1 500.00
	饮食	2 000.00	2 500.00

续表

类 别	内 容	预 算	消 费
消费总计支出		3 000.00	4 000.00
固定支出	房租／房贷	1 500.00	1 500.00
	水、电、网、气	400.00	405.00
	话费	128.00	128.00
固定总支出		2 028.00	2 033.00
其他支出	家电厨具更换	200.00	0.00
	旅行	500.00	200.00
	人情往来	400.00	400.00
	教育投入	200.00	65.00
	娱乐消费	200.00	500.00
	医疗保健	200.00	80.00
	理财投资	500.00	100.00
	医疗保险	100.00	0.00
	养车费用	1 500.00	1 000.00
其他支出总计		3 800.00	2 345.00
男士支出	烟酒类	1 000.00	800.00
	交际类	1 000.00	600.00
	衣物类	1 500.00	645.00
	电子设备类	5 000.00	0.00
	其他	0.00	0.00
男士支出总计		8 500.00	2 045.00
女士支出	护肤品类	1 000.00	1 500.00
	卫生用品类	120.00	100.00
	衣物类	1 000.00	600.00
	电子设备类	5 000.00	0.00

续表

类　别	内　容	预　算	消　费
	其他	0.00	0.00
女士支出总计		7 120.00	2 200.00
当月家庭总支出		24 448.00	12 623.00

如上例所示,无论是张先生还是其女友,当月的实际消费远远低于预算,但是当月总的消费远远高于收入,长期如此,家庭容易负债。

家庭的支出主要可分为消费支出、固定支出、其他支出三大类,同时还有各自的特定消费支出,其中固定支出每月相对固定,那么支出控制主要从调节消费支出、其他支出以及个人特定消费支出入手。

按照收入 1234 配比原则,日常生活开支占收入的 40% 左右,备用金占 10% 左右,个人自我教育投资占 10% 左右,保险投资占 10% 左右,理财投资占 30% 左右相对较佳,但具体还以家庭的实际需求为准。

每月的工资收入按照这几大方面去配置,相对来说是很全面的,这个配比兼顾了家庭的消费、开源、保障,包括了花钱、生钱、护钱的全过程,对于家庭来说具有一定的借鉴意义。

但具体配比多少,还需要从家庭收入、需求、风险、目标等出发,具体问题具体分析,制订相应的计划,并不断地在生活中进行调整,使其与收入相呼应。

2.2.2 家庭人人会记账

家庭记账是支出管理中很重要的操作,但相对于财务会计记账的复杂,家庭记账相对简单,特别是随着网络的发展,我们用手机就可以记账。

市场上有很多记账 App,选择一款最实用的记账 App,每天轻松记账,方便又快捷，5 分钟不到。看下面一个小案例。

理财实例

随手记简单记一记

　　张先生在和朋友聊天的时候，突然收到微信发送的昨日微信日记报，并看到最新提示，8 月已经消费了 1 800 元，而 8 月才开始。然后他看着微信日记报上的数字，都不知道什么时候消费的，朋友建议他，可以自己对每天的花费做个简单的记账，那样每天的消费就不是简单的扫码，而是可以直观感受到在花钱，他看到了很多记账 App，最后打算选择随手记试用一下。

　　首先他登录随手记 App，进入如图 2-1 所示的页面，暂无任何流水记录，点击"记一笔"按钮，进入如图 2-2 所示的页面进行简单记录。

　　张先生看到该页面主要分为收入与支出记录两部分，其中在支出的项目下还有餐饮、居家、衣服、房租、学习、交通、零食、娱乐等明细项目，他记录居家支出 200 元。

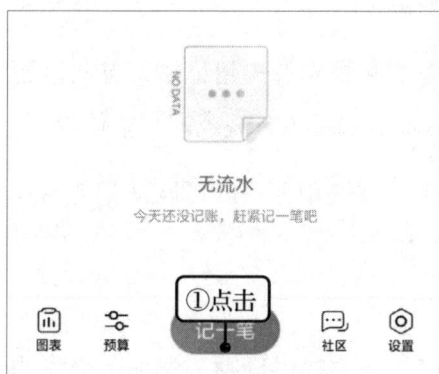

図 2-1　登录随手记　　　　　　図 2-2　记录支出

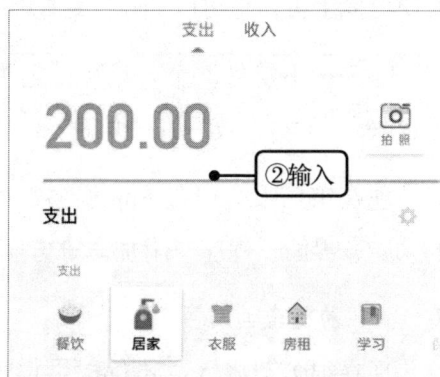

　　此时，首页就会有明显的变化，如图 2-3 所示，已经有了居家消费的流水 200 元，并且展示了张先生 8 月份的累计支出为 200 元。之后张先生还在如图 2-1 所示的页面，点击"预算"超链接，对 8 月的支出设置相应

预算，如图 2-4 所示，张先生 8 月预算支出为 5 000 元。

图 2-3　流水展示

图 2-4　设置预算

　　上例所示的随手记是随手科技旗下的记账类 App，它不仅有记账功能，还有理财社区、理财产品、互联网公益平台，可以实现手机网络双同步，即使更换手机，也可以通过网络端实现数据同步。

　　随手记不仅可供个人记账，还可以邀请家庭成员一起记账，可通过随手记账号、QQ、微信、二维码等，邀请家庭成员加入，规范家庭整体收支。

　　现在市场中的记账 App 很多，如果个人要选用，一般可以从记账 App 的功能、界面、程序、附加值等方面去考虑。

　　◆　功能全面与否

　　现在很多记账 App 不仅提供记账功能，还会提供理财、学习、交流的功能，不同的个体适合选择不同的功能，关键要和自身的需求相结合，而记账最基本的要求是能将复杂的数据简单直观地展示。

　　◆　界面是否整洁

　　一般记账 App 的界面是否清爽、干净整洁、少广告，是大多数人会考虑的重要因素，特别是少或无广告的记账 App，更受欢迎。

◆ 记账程序是否简单

对于记账的人来说，记账程序是否简单、方便、快捷是选择下载的主要原因，而记账数据及账户安全是保留 App 并持续使用的重要原因。

◆ 具有多少附加值

很多产品受到青睐，除了产品本身，还在于其提供的附加值，对于记账 App 来说也是如此，一般附加值越高，越容易受到人们的欢迎。

当然除上述考虑因素外，无论哪一类记账 App，用户体验及使用习惯更重要。就像年轻人喜欢玩游戏，但即使同一款游戏，玩家也不一定喜欢扮演同一个角色。每个记账 App 都有它自身的特色，在选择时可货比三家。除了 App，现在还有一些记账小程序，可以选择性试用，最终找到适合家庭的记账工具。

2.2.3 跳过消费陷阱有方法

电子商务不断发展，很多人都喜欢网络购物，特别是在每年的"双 11"，各大网络平台纷纷推出一系列的优惠活动。当你看中某一款商品，平时价格太贵，不敢下单，但在 6.18 或"双 11"，商家会大力促销，优惠券、折扣甚至还可以花呗分期，让人眼花缭乱，此时可能就会掉入一些消费陷阱。

对于消费者来说，花更少的钱就可以买平时舍不得买的商品，很划算，有时为了享受满 100 减 5 元或者满 200 减 20 元的优惠券，想方设法凑单，结果买一些家庭需求并不大的商品，超出了预算，最后发工资并还款时才发现，大部分收入用在了优惠消费上。消费时初看明明是获得了优惠，实际上可能跌入了商家制造的消费陷阱。

日常生活中，都有哪些消费陷阱呢？

（1）捆绑销售

该类陷阱一般常见于超市或者网络购物平台上的"买一赠一""第二件半价"和"三件打八五折"等优惠条件，这类陷阱容易导致消费者为了减少购买成本，享受折扣或优惠，购买超出需求数量的产品，甚至可能购买到一些过期商品。为了避免该类陷阱，事先制订一份消费清单很有必要，按计划消费，避免冲动购物。

（2）欺骗营销

这种情况多见于网络或直播的时候，在网络或直播时展示的是一些高档商品，但是等客户实际购买收货以后才发现，购买到的商品是仿货、假货，想要退货时可能客服一直不在线或者运费较贵。

对于该类陷阱，最好去一些正规的平台或者线下专柜购买，且对直播间的商品要更为慎重，最好选择官方直播渠道更保险，避免花了大价钱，买到的却是冒牌产品。

（3）结算涨价

在线上或线下，当我们看到很多商品都在打折且打折力度较大时，常常会盲目购物，但是买回家以后才发现实际上很多商品的折扣并不高，甚至商家会要求购买者满足一定的消费额度才能享有折扣，在额度之外可能还是按照原价计算。

为了避免该类陷阱，在购物时要看清楚折扣或者优惠券的使用条件，避免在结账时突然涨价。同时有的商品可能会要求消费者自己支付退换运费，在实际支付时，还需要支付运费价格，此时消费者就需要考虑，加上运费以后，该商品是否值得购买。

（4）返券消费

返券消费多见于大型商场或者大型购物平台，如买 200 元返 50 元，但返还给消费者的并不是现金，而是打折券或者代金券，而且商家会规定消费者必须在特定的某类商品中消费多少金额才能使用该类返还券。该类券可能让你不仅不能享受到一定的折扣，反而被引导去消费更多。

为了避免该类陷阱，一般在购物前最好问清楚返券的使用规则，不要因为返券而购买家庭不需要的东西。

（5）发票陷阱

无论是线上还是线下，购买了商品之后，如果产品出现问题，可以拿发票去退货换货，商家具有退换货的责任。发票是消费者维权的重要证据，所以即使是线上购物，也可以要求商家开立电子发票，一般商家不会主动开具，都需要消费者主动索要。无论是企业还是个人购买，都可以要求开具相应的发票，开票后商品后期维权才更有保障。

（6）特价商品

在线上和线下，我们常看到一些特价商品，但往往对于这些特价商品，商家不支持消费者退换货。实际上商家的这类操作是缺乏一定的法律依据的，对于特价商品，如果消费者要求退换，可以与商家协商，协商不成可以拨打工商局电话解决。

当然，生活中的消费陷阱还有很多，比如亏本大甩卖、铺面搬迁，结果几年了都还在大甩卖，我们又该如何去避免这类消费陷阱呢？

①树立正确的消费观，克制欲望，不盲目攀比。

②编制每月消费清单。

③合理安排每月固定支出、消费支出、其他支出。

④微信、支付宝、银行卡余额留少一点。

⑤理清自己的家底，实现资源优化配置。

⑥远离超前消费，少负债。

此外，在日常生活中远离消费陷阱，我们还可以从以下方面入手：根据家庭需求购买一些耐用型商品而非消耗型商品，减少购物重置成本；根据家庭需求购买一些大品牌的基本款而非小众潮流款，质量更有保证；不要喜新厌旧，同样的商品不要重复购买，节约家庭开支，控制个人消费欲望，有些商品喜欢但不一定要拥有。

2.2.4 简单制作一份还债计划

对于工薪族来说，每个月工资一发、花呗一还，银行卡又回到"解放前"，甚至有的人可能因为前几个月超额消费，导致当月的工资还不足以偿还花呗或信用卡。如果长期处于这样一种状态，无论是对于家庭还是个人都是不利的。花呗、信用卡、银行借款对于家庭来说都属于负债，家庭的负债不能过高，当然，某些负债也是为了家庭的幸福生活，比如房贷。

据统计，现在90%的年轻人，都或多或少具有一定的负债，那么对于家庭的负债该如何去管理呢？我们可以制作一份简单的还债计划，一切负债按照计划走，类似于我们的职业规划。

首先，我们需要梳理个人债务情况，包括还款金额、还款期限、还款利息等信息，对于还款详情要做到心中有数，才好制订相应的还款计划。

其次，分析每月固定开支，比如房租、水电费、话费以及其他的开支，有了规划，就能减少每月不必要的开支。

然后，明确每月的收入分配，如将每月收入的10%用于储蓄；10%用于保险；20%用于偿还负债；40%用于生活消费；20%用于理财，但不同的家庭，其实际需求不同，面临的债务也不同，所以具体的分配比例要根据家庭实际来确定。

最后，确定还款顺序，如先还花呗还是先还信用卡。一般快到期、利息高的要及时还，对于不能一次性还完本金的，可以分期还款，但需要多支付一定的利息。一般不管借款金额多少，未清款项都会随着利息增加而增加，所以对于利息最高的借款，一定要先还。

通常还款时都会有一个最低还款额，而每次还款额高于最低还款额，相对来说更有利。

除了如上的还债计划，在日常生活中对于负债的管理，我们还可以从如下几方面着手。

①控制消费，控制信用卡和花呗的使用，少带信用卡出门；日常使用时，支付宝或微信里的剩余金额不要太多，少花费，少负债。

②周期性地检查个人财务状况，一旦出现"不良反应"，及时调整。

③设定还债小目标，对全部未偿还的款项制订详细的偿还目标，并将不同的目标再细分，如 3 年内还完车贷 10 万元，具体到每年、每月偿还多少钱，以及规划偿还的金额哪里来。

④跟踪每月的消费支出，可通过每月制订消费清单，对比预期与实际消费情况，调整每月消费计划，节省开支，从而积累还款资金。

⑤制订个人财富管理计划，找到适合自身的理财方式和产品，无论是储蓄还是债券、基金、股票，通过各类理财，实现开源节流，增加家庭总收入。

⑥在开源节流的同时，即使家庭有债务要归还，也一定要注意给家庭留足应急资金，一般为 3 ～ 6 个月的家庭开支，具体还需要根据家庭的实际开支情况进行调整，无上限。

⑦在还债期间，一定要注意身体健康，现代社会各种疾病日益年轻化，正常作息、饮食、锻炼，保持健康的体魄很重要，一般在社保之外可以给自己配一份健康险，预防一些意外导致的未知支出。

负债并不可怕，关键是如何去管理它，让其为我们的幸福生活服务。对于家庭负债，一定要勇于接受，不能逃避、赖账，做好负债管理，制订还债计划，即使曾经是"月光族"，最终也能实现财富积累。

2.2.5 网购省钱有妙招

对大多数人来说，日常生活中需要的物品都可以通过网购来完成，线下能购买的网上基本都有。但那么多网购平台，那么多商家及商品，诱惑很多，该如何才能少花钱、多省钱呢？

网购要省钱，以下一些小技巧可供大家参考。

①同样的预算，选品牌比选杂牌更划算。

②选择包邮商品，减少退换货成本。

③无论金额大小，索要电子发票。

④重视网店的差评，100% 好评的卖家很少，商家或多或少都会收到一些差评，对于商品质量问题的差评要注意。

⑤组合购买，可以在同一家店购买自己消费清单的产品，在获得相应折扣或优惠的同时，节省运费及时间成本。

⑥可以开通一些商城会员卡，领取无门槛的优惠券；或者新人注册，领取新人大礼包。

⑦可以利用各大返利网站、平台、App，购物返利，但使用时要谨慎。

⑧全网搜同类商品，在保证质量的前提下选提供最低价的商家买入。

⑨可以参与平台及商家的优惠活动，如九折、10 元优惠券等。

⑩同样的品牌、产品，平台一般会在特定节日推出一些大型活动，如双 11、618 等，此时可以抓住商家的秒杀促销机会，择优选择。

购物预算、需求、经验、习惯、平台等不同，省钱门道也不一样，但上述网购省钱技巧都值得尝试，具体到某一平台，还需要注意其平台购物规则，下面以淘宝为例。

理财实例

淘宝购物省钱有妙招

淘宝购物省钱渠道有淘金币、集分宝、优惠券、天猫积分等，如表 2-4 所示。

表 2-4　淘宝购物省钱渠道

渠　　道	说　　明	注意事项
淘金币	喜欢淘宝购物的人都知道，100 个淘金币约等于 1 元钱，连续领取时数量有限；也可以像抖音或快手一样，完成一定的任务，赚取一定的淘金币。淘金币在淘宝付款时，可以抵扣一部分人民币金额，所以领取一定的淘金币就能为我们节省购物成本	淘金币要在有效期内使用，其有效期为 1 年
集分宝	在淘宝、天猫、大众点评等平台购物时，集分宝可以直接当钱花，其中 100 个集分宝可以抵扣 1 元钱，而集分宝可以通过任务赚取、积分兑入、充值等方式获得	集分宝同样具有一定的有效期，一般为 3 年
店铺优惠券	在选择一件商品时，不要马上付款，可以进入店家商铺首页，看看有没有可领取的优惠券	要注意我们领取的优惠券的有效期，避免过期作废

续表

渠　道	说　明	注意事项
消费返现	现在有很多返现的平台，通过在这些平台消费后，会返现集分宝到支付宝账户，不同的平台，返现多少有区别	返现的前提是已经在返现网交易成功，并且申请了提现
收藏购物车	很多商家会在大型节日推出大型的促销活动，所以如果不是急需的商品，可以先收藏到购物车，坐等购买时机	不要盲目收藏，以实际需求为主
天猫积分	我们在天猫购物以后，能获得一定的天猫积分，且积分是可以折现的，如100积分抵扣1元，在付款时可直接使用	天猫积分通常只能通过天猫App购物时才能使用

淘宝、京东、唯品会等作为我们常选的购物平台，我们在上面常会看到一些品牌商品秒杀活动，用好了可以给家庭省钱，但是时间有限。但无论选择哪种渠道，我们都需要注意以下事项。

①注意特价商品陷阱，可能商品有质量问题，退换货也无应答，最终给自身带来一定的损失，因此选择一家靠谱的店铺进行网购很重要。

②无论是淘宝、天猫、京东，还是唯品会，最好选择官方旗舰店或者平台自营的商品，相对更有保障。

③选择靠谱平台，抓住购物时机，节省成本。

④除了领取平台优惠券外，还不要忘记领取店铺优惠券，节省购物成本。

⑤根据消费计划购买，不盲目消费。

网络省钱的妙招有很多，在日常生活中，我们要多学习、多总结，节省开支，积累本金。

2.3 家庭财务健康巧"体检"

我们的身体会呈现健康、生病、亚健康的状态，我们的财务也会。财务的亚健康有哪些症状？财务的健康指标怎么看？怎么去保证我们的财务安全？

首先，我们从财务亚健康说起。

2.3.1 财务亚健康快速识别

当我们的身体处于亚健康时，都会出现一系列症状，如全身无力、心慌失眠、腰酸背痛等，财务亚健康也会有一些症状出现，大家通过下面这个小案例，可了解财务亚健康。

理财实例

常见的年轻人财务亚健康状况

刘先生是一名网络工程师，主要做测试、开发、售后服务工作，每月扣掉社保和住房公积金以后，薪水为 8 000 元，每月房租 1 500 元，生活开支平均 4000 元，人情开支 1 000 元，教育投资 200 元，现有存款 2 万元。

刘先生从大学开始就喜欢打游戏，并且每月花在游戏装备上的钱不少。工作以后在业余时间，他也喜欢打游戏，每月有一部分的工资也花在游戏上，导致每月结余不多。

并且有了女友以后，两人常在外面吃饭、游玩，每月消费增加，同时因为长期的加班工作，饮食不规律，他身体抵抗力严重下降，每月的医疗保健还需要花费一笔。

最近母亲提起，让他和女友考虑结婚、买房，他算了算自己的存款，感觉压力很大，不敢结婚也不敢买房子。

从上例可以看出，刘先生的财务已经处于亚健康状态，工资不低，但在无房贷、孩子、教育、养老的压力下，个人积蓄仍不多，原因是每月开支过大。

一般财务亚健康的症状主要表现在如下 8 个方面，可以简单自测一下。

（1）家庭保障不足

家庭的保障资金也可以看作家庭的应急资金，这部分资金是隐形的，当家庭出现失业、健康问题导致收入中断时，可以用来应急，保证家庭的基本生活。如上例中的刘先生，就没有家庭应急资金的规划，如果家庭还有需要归还的负债，将会给家庭带来很大的影响。

当然，除了应急资金，家庭在社保之外还应配置保险，预防一些意外支出，特别是对于现在的上班族，他们的身体大多处于亚健康状态，长期饮食、作息不规律，缺乏运动，多一份保险，就多一份保障，当然，除了保障性质的保险，他们还可以配置具有理财性质的保险。

（2）负债过高

有些家庭的负债率高达 60% 以上，而月还款总额占收入的 40% 以上或家庭资产负债率高于 50%，而且还款总额甚至超过家庭的经济承受能力。一般认为家庭负债率不要超过 50% 最好，月还款占收入的比率应低于 40%。不同的家庭，其收入结构和负债结构不同，可以进行适当调整，但原则是负债不能超出家庭的经济承受能力，影响家庭生活品质。

（3）收入单一

对于工薪族来说，大多依靠工资收入生活，初看没有问题，但是细想，如果突然失业，而又没有留足一定的应急资金，那么家庭的基本生活开支可能会受到很大影响；如果用信用卡或花呗提前消费，又会给暂无收入的家庭带来负债，进入非良性循环。

（4）结余较少

最典型的就是"月光族"，即使每个月收入不低，但是每月结余就是很少，甚至为零，最主要的原因是没有规划好家庭收支，没有做好理财计划，没有把钱花在刀刃上。

（5）资金流动性过低或过高

对于家庭来说，现金不能过多也不能过少。资金流动性过低，代表资金被套牢，一旦家庭急需资金时，无法及时取出；流动性过高，则代表家庭闲置资金较多，如很多年轻人懒得理财，闲钱全部留在银行卡里，还是活期，相对来说，收益较低还无法抗通胀。

（6）投资资产过低

对于个人来说，利用手里的闲置资金去投资，实现钱生钱很有必要，但投资的资金不能较低，也不能全部用于投资。如闲置资金 1 万元，用100 元投资，投资资产就过低了；也不能将 1 万元全用于投资，还需要给家庭留足必要的生活开支、应急资金、保险配置资金等，一般把 30% 作为投资资产占收入的参考比率。

（7）理财目标不明确

虽然很多年轻人都有一定的理财意识，但可能因为投资理财习惯不良而导致他们对于具体的目标、家庭的财务周期、家庭财务状况缺乏深入的了解，从而在制订具体的理财目标上随波逐流。

（8）储蓄过低

从强制储蓄说起，每月储蓄不能太低，以免缺乏理财的本金；也不能储蓄过高，以免拉低理财投资收益水平。

不同的家庭，其财务状况或多或少在一定时期都曾处于过亚健康状态，关键是如何去改善它，而改善它的前提则是了解衡量财务亚健康的相关指标。

2.3.2 财务十大健康指标简单计算

当我们检查身体是否健康时，会关注相关指标是否超标，比如血压。那么我们的财务健康与否，同样可以通过一些相关指标来判断，十大常见财务健康指标如下。

◆ 储蓄比率

简单来说就是储蓄与收入的比率，是反映家庭或者个人每年或者每月将收入多少用于储蓄的比率。如刘先生税后收入为 6 000 元 / 月，每月定存 500 元，储蓄比率就为 8.33%，一般认为比率为 40% 为宜。家庭储蓄太低会影响家庭的基本积累，比如原始理财本金；储蓄过高，可能影响家庭的生活水平及其他资产的优化配置。

◆ 相对收支率

简单理解为每月收入与支出的比率，反映的是家庭对于收支的管理能力。如李先生每月扣掉社保和住房公积金以后，实际到手的收入为 7 000 元，每月平均支出在 5 000 元，收入与支出比率为 1.4，通常认为该值在 1 以上为宜，否则家庭就入不敷出，出现过多负债。

◆ 流动性比率

流动性比率是家庭的流动资产与每月支出的比率。如李先生有活期存款 0.80 万元，货币基金 1.50 万元，每月平均支出 0.50 万元，则流动性比率就为（0.80+1.50）/0.50=4.6。该指标主要用来反映家庭中作为流动资产存在的应急资金水平。通常认为 3 ~ 6 最好，一旦发生意外，流动资产可以应急家庭 3 ~ 6 个月的生活开支。

◆ 资产负债率

资产负债率是指家庭总的负债与总的资产的比率，主要用来衡量家庭的资产结构是否合理。如唐先生拥有储蓄、债券、股票、基金等金融资产总计 10 万元，负债 2 万元，资产负债率就为 20%，家庭的资产负债率要控制在 50% 以下，否则家庭的负债容易过高。

◆ 债务偿还率

债务偿还率就是家庭每月需要偿还的债务与收入的比率，主要用来衡量家庭的负债与收入是否配比。如周先生每月实际到手收入 0.80 万元，每月按揭还款 0.35 万元，短期负债 0.10 万元，则债务偿还率就为（0.35+0.10）/0.80=56.25%。债务偿还比率应控制在 35% 以下，不然家庭的负债过高，容易给家庭造成巨大的经济压力。

◆ 投资与净资产的比率

投资与净资产的比率是指家庭投资资产与家庭净资产的比率，主要用来衡量家庭资产增值的能力。如李先生每年用于储蓄、债券、基金投资的金额总计为 1.08 万元，家庭每年净资产为 3.60 万元，则投资与净资产的比率为 30%，该比率不宜超过 50%，家庭的财富不能全部用于投资。

◆ 固定资产比率

固定资产比率是指家庭固定资产占总资产的比率，主要用来反映家庭资产的变现能力。家庭固定资产指家庭自用房屋、汽车、家用电器、电脑等，该比率最好控制在 60% 以下，过高就意味着家庭的变现能力较弱，家庭资产的流动性不足，当家庭急需资金且应急资金不足或者没有时，固定资产不能及时变现。

◆ 保费支出比率

保费支出比率是指家庭的保费支出与收入的比率，这里的保费支出主要是社保之外的保费支出。如章先生每年保费支出为 1.20 万元，家庭年收入为 16.40 万元，保费支出比率为 7.32%。家庭的保费配置在年收入的 10% ~ 15% 比较适合，但不同家庭的资产、风险、需求等不同，因此可以在此比例上适当浮动。

◆ 风险资产比率

风险资产比率是指家庭的风险资产与家庭总资产的比率，风险资产指具有高收益但同时具有高风险的资产，如股票、黄金、期货、外汇等，计算公式为"（100-家庭主要收入成员的年龄）/100"。不同的家庭，由于资产结构、收支管理、目标计划、风险能力等的不同，该比率会有一定的浮动。如张先生现在26岁，根据公式计算，风险资产比率应为74%，但实际上，由于投资习惯、风险承受能力、收入分配等，其实际风险资产比率为2%。

◆ 财务自由度

财务自由度是指家庭的投资性收入与日常消费支出的比率，如果家庭的支出主要靠房租、股票、基金、存款利息等支付，完全不需要工资收入支付，那么家庭的财务自由度大于1。

如何对家庭财务进行安全规划，以防出现财务亚健康问题呢？以下例举几个简单小妙招。

①清理家庭的资产、负债、收入、支出，定期记录，定期汇总。

②构建家庭财务健康指标体系，对于如上十大指标，个人或家庭要逐步完善，将它们的数值控制在一定的数值范围内。

③开源节流，实现收入多渠道化，同时合理地安排家庭支出。

④降低家庭的长期负债和短期负债，将家庭的负债控制在一定比例，并制订明确的偿债计划。

⑤设置家庭长短期的理财目标，并根据家庭需求、资产结构、风险承受能力、财务周期、人生阶段等，制订一份全面、及时的财务规划方案，并且在执行过程中不断进行调整。

此外，在制订家庭财务安全规划时，我们还需要注意备足应急金，合理优化家庭资源配置，固定资产、储蓄、风险资产都不能过高，也不能将资产全部用于投资。对于保险产品不仅能增收还能节流，家庭可以根据自身需求，合理配置。

2.4 慧开源，巧节流

对于上班族来说，由于工作时间、工作经验等不同，每月薪水也就不同，有些只够基本生活，偶尔不够时还会负债，因此开源节流很有必要。那么，上班族如何开源节流？可以做的兼职有哪些？员工福利怎么为家庭的开源节流做贡献？公积金怎么用才省钱……

2.4.1 薪水不高，兼职来补

当我们的薪水已经赶不上我们消费的需求，且目前薪水变动不大，在时间及自我投资允许的前提下，个人可以考虑适当兼职，以增加收入。现在市场中的兼职有很多，下面简单介绍一些常见兼职，如表 2-5 所示。

表 2-5　常见的兼职项目

项　　目	具体描述
投资理财	我们常听说有人在业余炒股赚了很多钱，但前提是你已经在股市很多年了，并对股市有一定研究。在理财市场，除了股票，还有适合家庭理财的债券、基金、黄金、外汇等理财工具，而任何一种理财工具，都需要在工作之外投入时间、精力及经济成本
自媒体创业	通过互联网平台，生产有价值的文章、图片、音频、视频等，通过分享积累口碑与流量，在一定的时机下实现变现。我们常见的短视频与直播，都属于自媒体创业的一部分，但无论是短视频制作还是直播，都需要有自己的特色，需要兼职者本身具有创作能力及运营能力

项 目	具体描述
知识付费	知识付费的模式主要包括网络课程、实践教学、技巧分享等，如将个人制作的 PPT 或其他文档上传到百度文库，他人通过微信或者支付宝付费下载，个人可获得一定收入。在业余时间，可以通过自己的专业知识或者其他技能，在不影响工作的前提下发挥专长，获得一定的兼职收入
网络小说	近年来，市场推出的很多电影或者电视剧都改编自热门的网络小说，所以如果爱好写作，也可以在业余时间写各类网络小说赚取一定收入，但是会要求每天有一定的字数更新，即网络小说需要长期投入，时间允许时可操作
声音收入	声音收入主要是通过给诗歌、书本、游戏、任务配音赚取的收入，投入成本低，收入很可观
翻译	有些网站会定期发布兼职翻译任务，不断累积，收益也不错，这要求个人具有相关的语言能力
网店客服	淘宝有很多兼职客服的工作，寻找到合适的平台，可以尝试一下，但要注意安全性及时间安排
网约车司机	如果有私家车，还可以入驻相关网约车平台，上下班的路上接单，也能有一些额外收益。如果早上时间匆忙，则可以选择在下班、周末、节假日接单
游戏主播	很多年轻人都喜欢打游戏，那么在工作之余可以尝试做游戏主播，边打游戏边直播，有时候还可以将相关游戏装备变现；游戏技术比较好的还可以去做代练，收取一定的费用
十字绣	如果自己比较细心，有耐心，够专心，可以尝试十字绣，除去时间成本，材料成本相对较低，投资报酬率高
修图师	对于平面设计师来说，在业余时间帮别人修图、换底、制作 Logo 等可以增加收入
兼职任务	在一些任务网站、任务 App、任务小程序上，只要完成一定的任务就能获得积分或者金币，这些能兑现，但前提是相关平台及任务要安全

此外，如果个人具有一定的专业技能，还可以通过当培训师、代购、

做业余模特、答题、写评价及经验等方式来赚钱。

相对来说，兼职收入的成本不需要投入太多或者投入成本较低最好，充分利用自身优势，选择合适的兼职方式，实现家庭开源，但是不要将个人的时间和精力全部投入兼职。作为上班族，工作为主，不建议因为兼职而忽视主职工作。

当然，我们在开源的同时要注意节流，而除了日常生活开支节流，我们还可以通过员工福利来节流。

员工的福利有很多，可以分为两大类，如法定福利和企业福利。法定福利指企业按照相关规定为员工购买的社保，而企业福利一般是企业为员工提供的工作餐、工作服、节日礼物、健康体检、带薪年假、购物卡、团体保险、住房补贴、交通补贴和年终奖等为了吸引人才或稳定员工的各种福利。

我们该如何利用员工福利去节流呢？以下几个小妙招可供参考。

①充分用好社保理财，包括社保的医疗报销、养老金、失业金、生育津贴等的领取。

②从衣、食、住、行角度出发，全面节流。如果公司提供制服，用好制服，减少家庭每月的衣物开支；如果公司提供午餐或者午餐补贴的，适当地计划一下当月饮食支出，在不影响生活品质的前提下控制支出比例；公司提供住宿或者住房补贴的，用好这一福利，减少家庭每月的房租开支；规划每月出行费用，用好公司的交通补贴，如果出差较多，及时报销。

③对于公司提供的其他经济性福利，如奖金、购物卡、教育培训、医疗保健、带薪年假、金融福利等，抓住机会，合理配置相关资源。

④对于公司提供的年终奖，需要进行合理的规划，可选择投资不同的理财产品，如储蓄、债券、股票，通常组合更好，分散风险，通过适度理

财可以实现钱生钱的目标，理财收益除用于生活开支外，还可以用来偿还一部分家庭的负债，但是不能全部用于消费。

⑤利用好公司提供的非经济福利，如法律咨询、心理咨询、环境保护等服务，提高自我身心健康，同时维护自身合法权利。

不同的公司给员工提供的福利是不同的，但无论是哪一种福利，都能给员工增加相应的经济收入或节省开支。员工福利用不用？怎么用？用多少？都需要做好相应规划，个人或家庭用好员工福利，本质上是开源也是节流。

2.4.2 住房公积金租房，省钱二三事

我们常说的"五险一金"中的"一金"就是住房公积金，作为公司给员工提供的一个重要福利，不仅可以用来买房，还可以用来租房。对于住房公积金租房的有关事项，我们需要明确如下几点。

◆ 住房公积金租房的条件

不同的城市对于住房公积金的提取会设置一定的条件，但是大同小异，如以北京为例，个人提取住房公积金需要满足 3 个条件。

①职工连续足额缴存住房公积金满 3 个月。

②本人及配偶在缴存城市无自有住房且租赁住房的。

③公积金中心规定的其他条件。

◆ 公积金提取办理

公积金提取可以由单位代为办理，办理完成后，资金将在每季度自动转入本人指定银行账户。

◆ 提取期限

住房公积金提取满一年后还需要继续提取的，职工应重新提交申请。

◆ 提取金额

不同地区或城市对租房的住房公积金提取金额的规定是不同的。以北京为例，如果在京无房，租住市内商品住房时，月提取金额不得超过本人住房公积金月缴存额（有配偶的为夫妻双方的住房公积金月缴存额），且不得超过月租金；如果在京无房，没有租房合同及发票，也可办理住房公积金提取，按每月 1 500 元标准每季度提取一次；如果租住公租房，可按实际房租支出提取。

◆ 提取方式

可以通过线上和线下办理公积金提取手续，线上可以通过住房公积金网上业务系统进行申请办结；线下可以携带相关资料到住房公积金业务柜台办理，当然有些城市还可以通过支付宝线上办理住房公积金提取。

◆ 住房公积金缴存比例

住房公积金的缴存年度一般为每年 7 月 1 日至下一年 6 月 30 日，单位和员工个人缴存比例均为 5% ~ 12%，单位根据自身情况确定相关比例，无须提供材料，也无须审批，如同社保一样，缴存多少根据缴存基数和缴存比例确定，不同城市规定不同，员工个人缴存比例与单位缴存比例一致。职工住房公积金月缴存基数是指职工本人上一年的月平均工资。

理财实例

住房公积金的缴存

刘先生在 2020 年 8 月入职 A 公司，在 2020 年 8 ~ 12 月期间每月工资 8 000 元，在 2020 年 12 月收到年终奖 2 万元，在 2021 年公司办理住房公积金跨年清册核定时，刘先生的缴存基数应为（8 000×5+20 000）/5=12 000 元，单位缴存比例为 10%，单位和个人按照相同比例缴存，则刘先生每月公积金账户存入多少钱？

每月缴存额＝住房公积金缴存基数 × 住房公积金的缴存比例＝

12 000×10%×2=2 400 元，则刘先生每个月公积金账户存入 2 400 元。

此外我们还要注意，个人离职以后，需要办理住房公积金的迁移提取或重新开户。离职以后一个月内会办理该账户封存手续，在封存的状态下可以提取公积金。根据相关规定，在封存期间个人不能申请住房公积金贷款，但享有提取、对账、查询、投诉等相关权利。

第3章

如何聪明地从银行"赚钱"

银行对于我们来说，不仅是办卡、存钱、转账的地方，还可以是为我们创造财富的地方。巧存薪水，提高利息；银行理财，提高收益；安全理财，守住钱袋子。聪明地从银行"赚钱"有技巧。

3.1 巧用银行卡，让"死"钱"活"起来

银行卡不只是一张普普通通的卡，它可以帮我们，偿还负债，储蓄结余，积累财富用好手里的银行卡,让卡里的资金一生二，二生三，三生无限，让"死"钱"活"起来。

3.1.1 银行卡"多"了，多费钱

很多人其实是不知道自己有几张银行卡的，特别是在同一家银行办理不只一张银行卡的情况下，自己到底有多少张银行卡？开户行在哪里？哪些银行卡还有余额？哪些银行卡可以注销……

当我们手中的银行卡多了，相应来说会给自己增加一定的成本，特别是使用不多的银行卡，比如开通的短信提醒费及一些银行收取的年费。所以对于银行卡，我们需要进行管理，节约使用成本。

（1）控制银行卡张数

我们办理 2 ~ 3 张不同银行的银行卡，就能满足日常生活所需，所以我们应控制银行卡张数，尽量减少银行卡的年费总额及其他费用。

（2）选择五大行为开户行

现在商业银行很多,还有地方特色银行,工商银行、农业银行、中国银行、交通银行、建设银行作为我国的五大行，相对来说信誉、监管、安全方面更有保障。

（3）下载手机银行 App

目前，手机银行 App 的功能很多，在 App 上，我们可以随时查询银行卡的各种相关信息，另外还包括转账、取款、理财等功能。

（4）关注银行公众号

随着自媒体的运用，银行也有独属于自身的公众号，我们可以关注开户行的公众号，进行优惠、余额、账单日、还款额等信息查询，不用下载App，使用更简单方便。

（5）注销不用的银行卡

对于不常用又没有余额的银行卡，可以尝试注销，节省时间及精力成本，同时维护银行卡的使用安全。

（6）日常使用管理

在银行卡的日常使用中，我们要注意一些小细节。

①银行卡密码设置尽量复杂，并且定期修改，不要用生日或电话号码做密码，也不要轻易告诉别人自己的密码。

②不要在互联网上随便留下个人信息。

③通过正规的渠道申请银行卡，特别是信用卡。

④自动机取款时，要注意遮挡密码。

⑤刷卡消费时，不要将银行卡轻易交给他人，最好卡不离眼。

⑥收到可疑的短信或链接，不要轻易点开甚至填写相关信息。

⑦在公共场所上网登录网银，注意交易安全以及不要让网站记住交易密码，保留网上消费记录，发现不明支出款项，及时联络发卡行。

⑧将银行卡与其他银行卡、手机、掌上电脑等分开存放，以免消磁。

⑨不管是在当地还是异地消费，保留好交易凭条。

⑩收到银行卡对账单后应及时核对用卡情况。

现在，我们在日常生活中，大多使用微信或者支付宝支付，但前提是绑定了银行卡，那么银行卡那么多，绑定哪一张才安全、合适呢？

张先生往一张银行卡转账，可怎么转账都显示转账失败，他以为银行卡被盗或者出现了其他问题，于是打电话给银行，结果银行告诉他，因为他挂的是Ⅱ账户，资金转入已经超过累计限额，故不能再往里面存钱。这么一来，绑定了该张银行卡的第三方支付就相当于有了限额，这给支付造成了诸多不便。

根据央行规定，银行卡账户分为Ⅰ、Ⅱ、Ⅲ类，账户类别不同，功能不同，三类账户区别如表3-1所示。

表3-1　三类银行卡账号的区别

项　　　目	Ⅰ类账户	Ⅱ类账户	Ⅲ类账户
主要功能	功能全面，可用于存取、理财、转账、缴费、支付等	定位为理财账户，当用于投资理财时无限制，但对于消费、存取等有一定限制	主要用于快捷小额支付
账户余额	无限额	存取现金、消费日内累计最高1万元，年内转账、存取、消费缴费累计不超过20万元	账户余额不超过1 000元
账户形式	储蓄卡、借记卡	电子账户及实体卡	电子账户
持有数量	同一家银行只能办理一张	无限制	无限制
开户方式	银行现场面对面审核开通	柜面或电子渠道，但要绑定Ⅰ类银行账户进行身份验证	与Ⅱ类账户开立渠道相同

从上表可知，三类银行卡账户存在很大的差别，那我们该如何区分自己手里的银行卡是Ⅰ类还是Ⅱ类或Ⅲ类账户呢？几个小技巧简单介绍如下。

①以实体卡或者存折办理的银行卡大多都是Ⅰ类卡。

②Ⅰ、Ⅱ类卡的账号代码不同。

③通过手机银行App，输入卡号，查询银行卡类型。

④打电话给银行人工客服，报出卡号后，请客服人员在银行系统上查询账户类型后告知于你。

⑤去银行柜台查询或根据银行卡办理时间先后顺序，确定是哪一类卡。

当我们明确手中的银行卡是哪类卡后，该如何确定微信或支付宝绑定哪张卡？到银行新开户时，工作人员会了解你是否在该行已有Ⅰ类账户，因为每个人在同一家银行只能有一个Ⅰ类账户。如果过去你已经办理一个Ⅰ类账户，再开新户，只能开Ⅱ或Ⅲ类账户，这两类账户的功能、使用限额、资金风险都在逐步降低。

Ⅰ类账户和Ⅱ类账户如果都有实体卡，在使用时容易混淆。如果已经在同一银行开设Ⅰ类账户，再新办一张银行卡作为工资卡，此时作为工资卡的新卡就会有一定的超额限制，可使用原来的账户作为工资卡或者将原来账户销户后再开立新卡，可以将一些大额消费、转账、存取项目绑定在Ⅰ类账户上。

线上支付最好不要绑定Ⅰ类账户，可通过绑定一个Ⅱ类或Ⅲ类账户用于日常支付，当每月发放工资以后，从工资卡转入一部分资金到Ⅱ类或Ⅲ类账户，通过后两类账户的使用，保障账户资金安全。所以微信或支付宝绑定Ⅱ类或Ⅲ类账户，相对更安全。

微信和支付宝都可以绑卡支付，但是我们要注意，对于免密支付和自动扣款，一般最好不启用，因为它在一定程度上增加了支付风险。开通这两个功能，不用自己输入相关密码，甚至在不知情下商家就能自动扣款。我们还可以给银行卡配置账户风险保险，对银行卡账户资金进行保障。

3.1.2 月月领薪，巧存薪水

对于工薪族来说，每个月都能领取一定的薪水，那么大家都是如何处理这笔薪水呢？是完全用于生活开支？还是储蓄一部分，定投基金一部分？

如果选择存入银行，存多少合适？存一年还是三年？利息收入怎么存才划算？

（1）工资收入存多少

个人的收入高低不同，因此储蓄也不同。有人月收入5 000元，3 000元用于开支，2 000元存银行，存款占工资收入的40%；有人月收入20 000元，10 000元用于开支，2 000元存入银行，存款占工资收入的10%；有人月收入30 000元，每月10 000元用于开支，将20 000元存入银行，存款占工资收入的66.67%。

不管收入是否相同，存款比例都可能存在一定的差别，依据个人储蓄偏好，没有统一的标准及限制，但对于年轻人来说，需要养成强制储蓄的习惯，哪怕每月储蓄100元。而强制储蓄的比例，有专家建议设置在月收入的10%～30%。

（2）储蓄方式怎么选

储蓄简单来说是家庭开源节流的方式之一，是个人或家庭把每月盈余的资金存入到银行的一种经济活动。对于储蓄，我们可以从储蓄的特色、分类、方式、利息等方面去了解。

◆ 储蓄特色

我国储蓄具有存款自愿、取款自由、存款有息、为储户保密的特色。居民个人持有的现金是个人财产，任何单位或个人不能强迫居民存取；银行账号、余额、期限、个人信息等属于个人隐私，任何单位或个人没有合法的手续不能查询储户的存款，银行具有为储户保密的义务。

◆ 储蓄分类

我国银行储蓄主要可以分为两大类：活期储蓄和定期储蓄，我们的工资卡就算一种活期储蓄，无存期，存取、转账自由，流动性很好，可以随时兑现，但利息收入最低。

活期储蓄 1 元起存，适合用来支付家庭的生活开支，也可以用于理财投资、商业周转等。定期储蓄简单来说就是与银行约定存期、起存金额、利息支取方式等的储蓄形式，一般只有存期届满时取出本利才最划算，提前取出会损失一定的利息收入。

◆ 不同储蓄方式比较

定期储蓄包括通知存款、存本取息、整存整取、零存整取、教育储蓄和定活两便等方式，不同的储蓄具有一定的差别，如表 3-2 所示。

表 3-2　定期储蓄方式比较

储蓄名称	起存金额	存入形式	存期长短	利息支付规定
通知存款	50 000 元起存	一次性存入	存期不约定，支取时提前通知银行	按日计息，利率视期限长短而定
存本取息	5 000 元起存	一次性存入	存期常为 1 年、3 年、5 年	分期支取利息，到期一次性支取本金
整存整取	50 元起存	一次性存入	存期常为 3 个月、6 个月、1 年、2 年、3 年、5 年	到期全部或部分支取本利和
零存整取	5 元起存	按月定额存入	存期常为 1 年、3 年、5 年	到期一次支取本息
教育储蓄	50 元起存	每月固定存入	存期常为 1 年、3 年、6 年	到期一次支取本息
定活两便	50 元起存	一次性存入	存期不确定	不同的存期，存款利率不同

如上表所示，不同的定期储蓄，在起存金额、存入形式、存期长短、利息支付等方面都具有明显的差异，各有特色，不同的个人或家庭可以根据家庭资金情况及理财目标，做出不同的储蓄选择。

◆ 利息高低

储蓄利息收入的高低主要由存入本金、存期、利率决定，储蓄的收入主要以利息来体现，而利息的基本计算公式为：利息＝本金 × 存期 × 利率。当本金和存期确定后，我们还需要了解利率大小，银行的利率一般可以分为年利率、月利率、日利率，其中：年利率 ＝ 月利率 ×12（月）＝ 日利率 × 360（天）。

针对利率，银行会进行挂牌展示，如根据建行官网城乡居民存款挂牌利率表可知，不同的储蓄方式的利率存在一定的差别，具体如表 3-3 所示。

表 3-3 城乡居民存款挂牌利率表

项　　目	年利率（%）
一、城乡居民存款	
（一）活期	0.30
（二）定期	
1. 整存整取	
3 个月	1.35
半年	1.55
1 年	1.75
2 年	2.25
3 年	2.75
5 年	2.75
2. 零存整取、整存零取、存本取息	
1 年	1.35
3 年	1.55
5 年	1.55
3. 定活两便	按一年以内定期整存整取同档次利率打六折执行
二、通知存款	
1 天	0.55
7 天	1.10

理财实例

要想利息高，收入怎么存

李先生税后月收入 1.20 万元，每月生活开支 6 000 元，按揭还款 3 500 元，其他开支 1 000 元，平均每月能结余 800 元，股票 2 万元，基金 1.20 万元，现银行卡里有闲置资金 2 万元。他打算将每月结余和闲置资金的一部分活用起来，规划了 3 种存款方式，但不知道哪一种更好，具体如下。

①选择存本取息方式，存期设置为 1 年或 3 年。

②选择整存整取方式，存期设置为 1 年或 3 年。

③每月定存 500 元，存期设置为 1 年或 3 年。

针对李先生的规划，根据建行的挂牌利率，我们进行了相关利息收入的计算，具体如表 3-4 所示。

表 3-4 利息收入比较

储蓄名称	存入金额(元)	利率		利息收入（元）	
存本取息	10 000.00	1 年	3 年	1 年	3 年
		1.35%	1.55%	135.00	465.00
整存整取	10 000.00	1 年	3 年	1 年	3 年
		1.75%	2.75%	175.00	825.00
零存整取	500.00	1 年	3 年	1 年	3 年
		1.35%	1.55%	43.88	430.13

如上表所示，如果李先生打算一次性存入 1 万元本金，相对来说，整存整取，不管是 1 年还是 3 年，利息收入都更高，且存期越长，利息越高；而每月定存，相对来说利息最低，但是家庭资金的流动性最高。

如何巧存薪水，如上所示，一般可以采用组合存取，如采取"零存整取 + 存本取息"或"整存整取 + 零存整取"相结合的方式；当然如果储蓄的本金较高，如高于 5 万元，可以巧用通知存款或考虑银行的大额存单，提高最终利息收入。总之，一定要将闲置资金活用起来，不要放在银行卡里作为活期储蓄。

3.1.3 信用卡，理财技巧一二三

信用卡作为人们日常消费的支付方式之一，有的家庭还不只一张，信用卡多了怎么办？信用卡还不上怎么办？实际上，信用卡不能想刷就刷，使用信用卡要遵照一定的方式方法，具体介绍如下。

（1）刷够次数免年费

通常，如果信用卡一年使用次数过少，银行会收取相应的年费，如有的银行规定每年刷够 6 笔消费可以免去年费 300 元。当然，刷卡时不用每一次都是大额消费，日常生活用品也可以刷卡消费，用于凑足次数。

（2）少使用分期付款

信用卡的分期付款是有手续费的，而且分期的利息大多按照总的金额计算，相对来说分期付款不划算。

（3）少用最低还款

最低还款同样需要计算相关利息，而且利息一般也是按照总的金额计算，长期使用最低还款，累计的利息较多。

（4）刷卡时间有门道

在账单日后第一天刷卡消费，可以享受至少 50 天的免息期；账单日当天刷卡，只能享受 25 天免息期。所以抓住时机消费，可以为家庭节约一定的利息成本，减少利息支出。

（5）适时修改账单日

信用卡的账单日是可以修改的，而修改账单日后的信用卡可以延长一定的免息期。所以如果你办理信用卡的开户行允许修改账单日，可以抓住这个机会，将账单日修改到适当的时间，减少成本。

（6）**按时足额还款**

我们要注意还款时间，按时足额还款，不要逾期，逾期不仅有利息还有滞纳金，并且还将影响个人征信。用信用卡还款我们要注意如下几点。

◆　什么时候还

计算还款期限，还款期限与账单日相关，如账单日为每月 5 号，还款期是 20 天，在每月的 1 日至 5 日的消费，就需要在当月 25 日还款。

◆　还多少

根据家庭实际情况，确定是还本期还是还全部或最低款项，最低还款要计算相应的利息费，不划算。

◆　还款注意事项

用信用卡还款时，我们要注意如下事项。

①绑定银行储蓄卡，留足余额或定期转入，到期自动扣款还信用卡，这样可以避免因忘记还款而错过还款时间。

②只还欠款，避免产生溢存款，简单理解就是信用卡欠多少钱就还多少钱，不要多还，多还的存入信用卡，提现还需要手续费，且存在信用卡里又没有利息，不划算。

③不要少还，少还会有滞纳金及手续费等。

④用第三方平台还款，如支付宝。

如果非故意逾期，可以咨询开户行信用卡的宽限期，在宽限期内及时还款，一般不会影响个人征信。

（7）**刷卡消费注意安全**

对于信用卡背面的后三位数字需要重点保护，防止在外刷信用卡时被复制，导致信用卡被盗刷。如果是服务人员刷卡，刷完要求其立即归还。

（8）慎用信用卡提现

信用卡每存入一笔现金，都默认先归还欠款，即使信用卡里无欠款，取现也是需要手续费的。

（9）积分换礼品

每家银行都有自己的信用卡App，进入App商城，通过平时的消费积分，可以用积分兑换相应的商品或优惠券，但需要注意积分的有效期。

（10）信用卡申请技巧

通常认为每年的上半年是信用卡申请的好机会，申请通过率较大，同时在线网络申请会更方便、快捷。

（11）适当地销卡

如果个人的信用卡较多，对于一些使用较少的信用卡可以销卡，但销卡前要注意是否有余额及年费是否缴清。

使用信用卡时除了要遵照上述方法，下列所示的内容也需要牢记。

①不要因为自身信用卡多、额度高就借给别人使用。

②不要将信用卡的卡号后三码、有效期、短信验证码等信息告诉他人。

③控制花费，不要轻易分期还款。

④注意还款时间，不要逾期还款。

⑤不要经常提额、套现投资，不要不设置支付密码。

⑥信用卡不要超过三张。

信用卡为我们的生活带来了方便，但很多年轻人可能也因此无节制地消费，经历过痛苦的还款期，所以要慎重使用。

3.2 银行理财，玩转有门道

除了管理自身的储蓄卡、信用卡，定期实现开源节流，我们还可以通过银行配置各类银行理财产品，达到从银行赚钱的目的。面对那么多银行及银行理财产品，我们该如何选择？风险有多大？误区有哪些……

配置银行理财产品，首先从测试自身风险承受能力开始。

3.2.1 抗风险能力有多大，简单测一测

不同的家庭，抗风险能力不同，而不同的抗风险能力，适合的理财产品不同。在配置银行理财产品时，一是考虑自身风险承受能力大小；二是产品本身的风险高低。最终将两者相匹配。

我们如何知道自身风险能力的高低呢？首次购买银行理财产品，需要进行风险测试，而评估时一般通过《银行客户风险承受能力评估书》来进行，如图 3-1 所示。

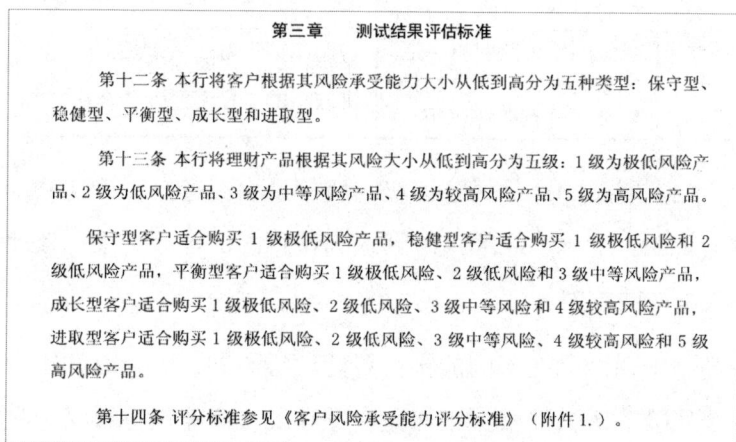

第三章　　测试结果评估标准

第十二条 本行将客户根据其风险承受能力大小从低到高分为五种类型：保守型、稳健型、平衡型、成长型和进取型。

第十三条 本行将理财产品根据其风险大小从低到高分为五级：1 级为极低风险产品、2 级为低风险产品、3 级为中等风险产品、4 级为较高风险产品、5 级为高风险产品。

保守型客户适合购买 1 级极低风险产品，稳健型客户适合购买 1 级极低风险和 2 级低风险产品，平衡型客户适合购买 1 级极低风险、2 级低风险和 3 级中等风险产品，成长型客户适合购买 1 级极低风险、2 级低风险、3 级中等风险和 4 级较高风险产品，进取型客户适合购买 1 级极低风险、2 级低风险、3 级中等风险、4 级较高风险和 5 级高风险产品。

第十四条 评分标准参见《客户风险承受能力评分标准》（附件 1.）。

图 3-1　风险测试说明

此外要注意，如果客户自身的风险承受能力发生变化或者超过一年以上未进行风险承受能力评估的，当购买理财产品时需要重新评估。

　　根据自身风险承受能力高低，银行将客户分为不同的类型，匹配不同的理财产品，如图 3-1 所示。而银行理财产品本身风险也存在大小划分，目前大多数银行的理财产品风险等级都分为 5 个等级，从 R1 级到 R2 级、R3 级、R4 级、R5 级，风险依次升高，具体如表 3-5 所示。

表 3-5　理财产品风险等级

风险等级	风险水平	评级说明	目标客户
R1 级	很低	本金和收益受风险因素影响很小，且具有较高流动性	经银行客户风险承受能力评估，评估为保守型、稳健型、平衡型、成长型、进取型的有投资经验和无投资经验的客户
R2 级	较低	本金和收益受风险因素影响小	经银行客户风险承受能力评估，评估为稳健型、平衡型、成长型、进取型的有投资经验和无投资经验的客户
R3 级	适中	风险因素可能对本金和收益产生一定的影响	经银行客户风险承受能力评估，评估为平衡型、成长型、进取型的有投资经验的客户
R4 级	较高	风险因素可能对本金产生较大影响，产品结构相对复杂	经银行客户风险承受能力评估，评估为成长型、进取型的有投资经验的客户
R5 级	高	风险因素可能对本金造成重大损失，产品结构复杂，具有杠杆作用	经银行客户风险承受能力评估，评估为进取型的有投资经验的客户

　　当然，如上所示的产品风险评级一般都是由银行自行确定的，很多理财产品都会说明："本产品的风险评级为银行内部评级结果，该评级仅供参考，不具备法律效力。"

　　同一类型理财产品在不同的银行可能评级不同，因为有的银行会将产品分为 6 个风险等级，而根据银保监会颁布的《商业银行理财产品销售管理办法》中规定，银行理财产品风险评级结果应当以风险等级体现，由低到高至少包括 5 个等级，并可根据实际情况进一步细分。

　　所以选择理财产品，除了了解自身风险承受能力与理财产品风险等级外，还需要看产品的投资去向，如注重稳健的理财投资者，要了解理财产品是否投资于一些高风险产品。现在市场上很多理财产品都是非保本的，但非保本并不意味着本金一定会亏损，具体还要看产品投资去向、投资运作及管理人等事项。

3.2.2 读懂产品说明书，打开模式要对

读懂产品说明书，对于我们是否选择购买很关键。第一步就是抓住关键词，可以从产品要素、投资范围、产品运作、产品估值、收益说明、提前终止和信息披露等方面去了解。下面以建行 "乾元－惠众"（日申季赎）开放式净值型人民币理财产品说明书为例进行介绍。

理财实例

把握七个关键词，读懂产品说明书

第一个关键词：产品要素，主要是对产品名称、代码、类型、风险大小、业绩比较基准等进行简单说明，如图 3-2 所示。

产品编号	GD072021QYJS03Y01
全国银行业理财信息登记系统编码	C1010521001942
	可依据该登记编码在中国理财网（www.chinawealth.com.cn）上查询产品信息。
产品说明书版本	第 2 版
产品中文商业全称	中国建设银行 "乾元-惠众"（日申季赎）开放式净值型人民币理财产品
产品专业名称	中国建设银行 "乾元-惠众"（日申季赎）开放式净值型非保本浮动收益型人民币理财产品
募集方式	公募
产品类型	固定收益类
收益类型	非保本浮动收益型
产品内部风险评级	R2 较低风险 （ ⚘ ⚘ ）
适合客户	谨慎型、稳健型、进取型、激进型个人客户及机构客户

图 3-2　产品要素说明

对于产品要素，重点关注名称与代码、风险评级、适合客户、产品申购、赎回规定、购买起点、持有份额等，对于不明白的地方可以在线咨询客服，或在柜台购买时与理财经理沟通。

产品风险评级仅作为参考，还需要和家庭实际风险承受能力、资产结构、

风险规划、目标需求等综合考虑。

第二个关键词：投资运作，主要包括投资范围、投资团队、参与主体等，重点关注投资范围及管理团队，明确产品的投资去向，以及产品的管理运作，是否靠谱。

关于产品的投资范围，主要包括产品投资内容及具体比例，如图 3-3 所示，该产品募集资金主要投资于现金类资产、货币市场工具、货币市场基金、标准化固定收益类资产和其他符合监管要求的资产。

> 本产品募集资金投资于现金类资产、货币市场工具、货币市场基金、标准化固定收益类资产和其他符合监管要求的资产，具体如下：
> 1. 现金类资产：包括但不限于活期存款、定期存款、协议存款等；
> 2. 货币市场工具：包括但不限于质押式回购、买断式回购、交易所协议式回购等；
> 3. 货币市场基金；
> 4. 标准化固定收益类资产：包括但不限于国债、中央银行票据、同业存单、金融债、企业债、公司债、中期票据、短期融资券、超短期融资券、定向债务融资工具（PPN）、资产支持证券（ABS）、资产支持票据（ABN）等；
> 5. 其他符合监管要求的资产。
> 各类资产的投资比例为：现金类资产、货币市场工具、货币市场基金和标准化固定收益类资产的比例为 80%~100%；其他符合监管要求的资产 0%~20%。具体各类型投资比例为：现金类资产比例为 0%~100%；货币市场工具比例为 0%~80%；货币市场基金比例为 0%~50%；标准化固定收益类资产的比例为 0%~95%。本产品投资的现金或者到期日在一年以内的国债、中央银行票据和政策性金融债券不低于理财产品净值 5%；总资产占净资产的比例不超过 140%。

图 3-3　产品投资去向

如上图所示，不同的投资资产，理财产品募集资金的投资比例是不同的，如现金类资产、标准化固定收益类资产和货币市场工具投资比例较高，总计可能达到 80%～100%，具体比例以实际公布为主。

该产品的管理人和托管人都为中国建设银行广东省分行，理财团队具有丰富的投资经验，在稳健经营的基础上，通过自身优势，为产品的运作提供专业化的投资管理服务。

第三个关键词：产品运作，主要包括产品规模、产品认购/申购/追加投资、产品赎回、赎回的特殊规定等。其中产品的认购、申购、赎回是关键，特别是关于赎回的特殊规定，包括赎回时间、份额、赎回限额等事项，具体以图 3-4 为例。

如图 3-4 所示，赎回日期一般为每个季度首月前 5 个产品工作日的 3:00～18:00，赎回金额按照实际赎回份额 × 兑付当日前一个自然日的产品单位净值计算，赎回金额四舍五入，并保留小数点后两位即可。

（三）产品赎回

1. 客户可以在赎回开放期（每个季度首月前 5 个产品工作日）的 3:00-18:00 提出赎回申请，赎回申请将于赎回开放期结束后的下一个产品工作日确认。赎回金额按客户实际赎回份额和兑付当日前一个自然日产品单位净值计算，赎回金额按四舍五入原则，保留至小数点后 2 位。

2. 客户若选择赎回部分份额，则未赎回的份额自动进入下一个运作周期；若客户不选择赎回周期，则客户的产品份额自动进入下一个运作周期。部分赎回后的份额不得低于最低持有份额。

（四）单个客户赎回上限/巨额赎回/暂停赎回

1. 单个客户累计赎回限额：单个产品赎回开放期内，单个客户累计赎回申请份额不得超过 3 亿份。中国建设银行可根据需要对本条款进行调整，并至少于新条款启用日之前 2 个产品工作日公告。

2. 巨额赎回：单个产品赎回开放期内，累计净赎回份额（累计赎回份额-累计申购份额）超过赎回开放期前一个产品工作日日终份额的 20%时，触发巨额赎回。中国建设银行可有权对巨额赎回比例进行调整，并至少于调整前 2 个工作日进行公告。

图 3-4　产品赎回

可以选择部分赎回和全部赎回，部分赎回时，未赎回的份额自动进入下一个运作周期，赎回后剩余的持有份额不能低于最低持有份额。单个客户累计赎回是具有一定的限额的，如上图所示；当选择巨额赎回时，银行有权对于赎回的比例进行调整，所以不是想赎回多少就赎回多少。

第四个关键词：产品估值，主要是通过估算资产价值，确定理财产品资产净值，为产品认购及兑付提供依据，主要包括资产估值原则、资产估值范围、资产估值方法、暂停估值，重点是估值方法，如图 3-5 所示。

（三）资产估值方法

1. 现金、银行存款
以本金列示，逐日计提银行存款利息，按约定利率确认存款利息收入。

2. 货币市场基金
按基金管理公司公布的估值日前一交易日的每万份收益计提红利。持有的基金处于封闭期的，按照最新公布的份额净值估值。

3. 银行间市场和证券交易所流通的债券等标准化固定收益类资产
按公允价值进行估值。

4. 其他符合监管要求的资产，不具备活跃交易市场或者在活跃市场中没有报价，按摊余成本法估值；具备活跃交易市场且在活跃市场中有报价，按公允价值估值。

5. 国家有最新规定的，按其规定估值。

6. 产品管理人和产品托管人将采取必要、适当合理的措施确保产品资产估值的准确性、及时性。计量已不能真实公允反映上述资产净值时，产品管理人有权调整会计核算和估值方法。在任何情况下，产品管理人与托管人所共同认可的估值方法均视为客观、公允的估值方法。该产品估值均以产品公布的估值结果为准。

图 3-5　产品估值方法

如上图所示，对于现金、银行存款，主要是以本金加约定利率确认的存款利息收入估值；货币市场基金，计提红利或按最新公布的份额净值估值；标准化固定收益类资产按公允价值进行估值。不同的资产，估值方法存在一定的差别，不过估值方法仅供参考，实际还是以产品公布的估值结果为准。

第五个关键词：理财收益说明，主要包括产品的单位净值、费用成本、收益计算、税收管理等事项，重点关注费用成本计提方法说明以及产品的收益演示说明，图 3-6 所示为产品的收益计算规则。

（三）客户收益

1. 本产品无分红机制，投资运作情况均体现为产品净值变化，本产品以份额赎回。

2. 客户收益

客户收益=$M_0 \times (P_i - P_0)$

M_0：客户持有份额

P_i：客户赎回时产品单位净值

P_0：客户购买时产品单位净值

计算示例

情景 1：中国建设银行 T 日（产品工作日）公布的前一个自然日产品单位净值为 1.123456 元/份。假设客户于 T 日（产品工作日）18:00 前申购本产品，投资本金为 100,000.00 元，则客户持有份额为：

客户持有份额=100,000.00÷1.123456≈89,011.0516（份）

情景 2：假设客户在募集期内购买本产品，投资本金为 100,000.00 元，购买产品时单位净值为 1.000000 元/份，客户持有份额为 100,000.00 份，假设存续期中未发生提前终止或提前赎回，客户于赎回开放期 T 日（产品工作日）指定时间赎回本产品，实际持有天数为 90 天，赎回份额为 100,000 份。中国建设银行于赎回确认日（产品工作日）公布的前一个自然日的产品单位净值为 1.010188 元/份，则客户赎回金额为：

客户赎回金额=100,000×1.010188=101,018.80（元）

客户持有期年化收益率=（101,018.80-100,000.00）/100,000.00×365/90≈4.13%

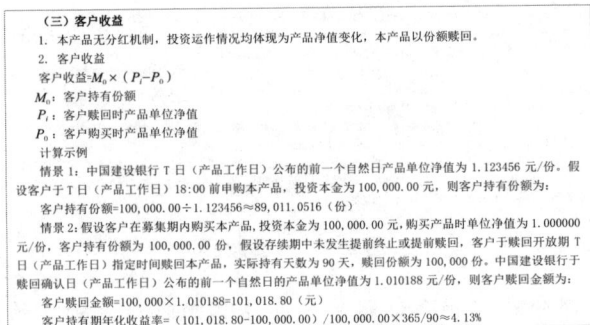

图 3-6　产品收益演示

如上图所示，该产品的收益计算可以分为不同的场景，但客户收益的基本计算公式为：客户收益 =$M_0 \times (P_i - P_0)$，其中 M_0 为持有份额、P_i 为赎回时产品单位净值、P_0 为购买时产品单位净值。

在场景 1 中，持有的份额 = 本金 / 单位净值；在情景 2 中，投资本金 10 万元，单位净值为 1.000 000 元 / 份，客户持有份额为 100 000 份，实际持有 90 天，赎回时前一个自然日的产品单位净值为 1.010 188 元 / 份，通过计算持有期的年化收益率在 4.13% 左右。

当然如上的场景也只是假设，实际收益可能为负数，具体要以实际公布为准，不能以展示的收益为实际收益。

第六个关键词：提前终止，简单来说就是理财产品还未到期就提前赎回。一般在持有期间，购买者不能提前赎回，但银行具有提前终止的权利，不过提前终止需要满足一定的条件，并且通知客户。

第七个关键词：信息披露，产品披露的信息很重要，包括产品成立、存续、终止的相关信息，披露产品的季度报告、半年报告、年度报告。此外当管理人打算调整相关产品的投资策略、投资范围、行使提前终止权、调整产品风险等级、交易结构等事项时也需要进行披露，一般会在银行的官网进行信息披露。

不同的理财产品，其产品说明书内容存在一定的差别，但都可以从这七大关键词去解读，抓住关键，重点了解。

3.2.3 短期产品，巧配家庭需求

不同的家庭，对于短期理财的定义不同，有的家庭认为一年内算短期；有的家庭认为一个月算短期；有的家庭却认为一周内算短期。如何配置家庭短期理财产品呢？以张先生家的短期配置为例进行讲解。

理财实例

短期理财产品巧配置

张先生最近有一笔季度奖 1 万元，可能在国庆的时候会用到这笔资金，所以他没打算做任何理财，就放在银行卡里。周末和朋友聊天说起，朋友建议他可以考虑银行的短期理财。因为该笔奖金他存在建设银行卡里，所以他可以在建设银行的官网上看看有没有适合的短期理财产品。

最终他在建设银行官网上看中一款超短期理财产品：乾元－惠众（日申周赎）开放式净值型人民币理财产品，具体详情如下。

①明确年化收益率

该产品为净值型产品，七日年化收益率为 3.56%，业绩随着市场波动，业绩比较基准为 2.60%/ 年 ～ 3.10%/ 年。

②了解产品风险

该产品不保本，且风险等级为 R2，适合谨慎型、稳健型、进取型、激进型的个人客户及机构客户。

③明确投资门槛

该产品首次购买起点金额为 1 万元，可以以 1 元人民币的整数倍追加，最低赎回份额为 1 份，部分赎回时，账户最低持有份额为 1 份。

④了解购买渠道

该产品可以在建设银行网点柜面、官网、网银、手机银行、STM 智慧柜员机、客户经理手机 App、理财中心、财富中心等多渠道购买。因为张先生首次购买，所以他需要去建设银行指定网点进行风险承受能力评估。

⑤确定投资期限

该产品无固定期限，除封闭期以外，每个产品工作日都可以进行产品申购；在产品存续期期间，每周三为产品赎回开放期，所以最短的持有期限以周为单位，就是简单的日申周赎。

⑥是否提前终止

该产品在持有期间，产品不能提前赎回，但是银行在一定条件下可通知理财者，并公告提前终止。

⑦了解产品运作

该产品的募集资金主要投资于现金类资产、货币市场工具、货币市场基金、标准化固定收益类资产等低风险资产。产品委托人和管理人都为建设银行广东省分行，对于产品规模、申购、赎回等也都具有严格的规定。

⑧计算产品费用

该产品费用成本主要有销售费、管理费、托管费等，销售费和管理费分别为 0.10%/ 年，其中 2021 年 12 月 31 日（含）之前让利于投资者，销售费率和管理费率分别优惠为 0.03%/ 年；托管费为 0.02%/ 年，费用会在计算产品单位净值前扣除。

⑨计算产品收益

假设在募集期内购买本产品，投资本金为 10 万元，购买产品时单位净值为 1.000 000 元 / 份，实际持有天数为 10 天，赎回确认日公布的前一个自然日的产品单位净值为 1.001 132 元 / 份，则赎回金额为：100 000×1.001 132=100 113.20（元），盈利 113.20 元。

假设客户在募集期内购买本产品，投资本金为 10 万元，购买产品时单位净值为 1.000 000 元 / 份，赎回确认日公布的前一个自然日的产品单位净值为 0.996 800 元 / 份，则赎回金额为：100 000×0.996 800=99 680（元），则可能亏本 320 元。所以购买该产品，可能盈利，也可能亏本。

如上例所示，在配置短期理财产品时，主要考虑如下因素。

①投入多少本金，本金是否满足投资门槛。

②选择哪一家银行来理财？产品发行机构及稳健性如何？

③购买渠道有哪些？能不能直接网上下单？

④产品的收益率如何，是否在预期之内？

⑤产品是否保本，风险大小如何？

⑥产品投资期限多长？最短的投资期限是多久？

⑦产品的申购、赎回有哪些限制？

⑧产品的流动性如何，如当家庭急用资金时，是否可以提前赎回？

⑨产品投资去向的风险高低？产品运作团队是否专业？

⑩经银行评估的自身风险承受能力是否与产品风险相匹配？

此外，在配置家庭短期理财产品时还需要预留一定的应急资金，不盲目跟风爆款产品，从家庭实际需求及理财目标出发，具体问题具体分析。

3.2.4 产品风险有多大，规划看一看

对于银行理财产品的风险，我们除了知道从 R1 级到 R5 级风险依次增加，还需要明确产品的具体风险，如政策风险、信用风险、流动性风险、市场风险、管理风险、利率及通货膨胀风险等，规避风险先从了解开始。

◆ 政策风险

政策风险主要是指国家的宏观政策、市场法律法规、相关监管规定等发生变化，给产品的成立、运作、兑付等带来一定的影响，从而导致产品业绩较低甚至最终亏本的风险。对于该类风险，需要及时了解相关政策及市场信息，并做出适当的反应，如申请赎回。

◆ 信用风险

信用风险主要是指理财产品的资金投资的资产相关方出现违约，导致

投资者本金及收益损失的风险。对于该类风险，选择一家经营稳健、投资管理经验丰富且专业的银行很有必要。

◆ 流动性风险

流动性风险主要是指通过投资不同期限的理财产品，自身资金被占用的时间长短不一，理财产品不能提前赎回，所以当家庭急用资金或者有其他的投资机会出现时，可能错过市场机会的风险。为了规避该类风险，需要提前做好资金规划，明确理财产品的投资周期，且在满足赎回条件时，及时赎回。

◆ 市场风险

市场风险主要指投资者投资后，理财产品在运作过程中受到市场波动影响，可能导致最终收益为零甚至出现亏本的风险。这就需要理财者及时关注市场信息，抓住市场机会，做出明智的选择，及时止盈或止损。

◆ 管理风险

管理风险主要指理财产品在运作过程中，由于管理人的专业、经验、战略、决策、技能等差异给产品运作带来的影响，可能没有让理财者获得预期收益甚至亏损本金的风险。为了规避该种风险，应选择具有丰富投资经验的管理人，同时要及时与管理人沟通。

◆ 利率及通货膨胀风险

利率及通货膨胀风险主要指在理财产品存续期间，市场利率的波动给资产的估值及收益率带来的影响，同时因通货膨胀的影响，产品的市场收益存在下降可能的风险。为了规避该类风险，理财者可考虑组合投资，以分散风险。

◆ 信息传递风险

当管理人进行相关产品信息披露后，理财者应及时查询相关披露，若因为理财者自身未及时查询，使理财者对于产品的相关信息变动未能及时作出反应，甚至影响其投资决策的风险，由此产生的责任和风险由理财者自行承担。为了规避该类风险，理财者要及时关注银行的官网信息披露，且当自身相关信息发生变动时，及时告知。

◆ 产品不成立及提前终止风险

产品不成立风险主要指产品募集期届满，但是理财者们认购的份数还未达到规模下限或市场波动导致产品不能成立，无法实现预期收益的风险。

提前终止风险主要指产品在存续期内因市场发生重大变动或银行认为需要提前终止产品的其他情形出现，银行提前终止产品给理财者带来的未来收益无法实现的风险。

选择一些大型、稳健、专业、产品运作优良的银行，能在一定程度上降低相应的风险。

◆ 不可抗力及意外事件风险

不可抗力及意外事件风险主要是指自然灾害、金融危机、战争等不可抗力或意外事件出现时，给产品的成立、运作、兑付、信息披露等造成的影响，进而导致产品收益较低甚至损失本金的风险。该类风险损失都是理财者自身承担，银行不承担损失，所以在产品规划时，需要及时对市场、政策等进行了解，并及时调整理财策略。

为了规避理财产品投资风险，需要了解并读懂风险揭示书、产品说明书、客户权益须知，从家庭需求出发，独立做出是否购买产品的决定，并且在持有的过程中及时关注产品运作的相关信息，做出策略调整。

3.2.5 理财产品八大误区，不绕道就要 "废"

无论我们配置短期还是长期的银行理财产品，都要注意跳过一些理财误区。常见银行理财误区简单总结如下。

（1）银行理财等同于定期储蓄

如果认为银行理财和定期储蓄一样安全，保本且收益稳定，那就错了，银行理财和定期储蓄完全不同，两者在风险和收益上都具有明显的差异。银行理财产品的风险高于定期储蓄，定期储蓄的收益固定而银行理财产品的收益是浮动的，可能收益为零甚至亏损本金，而定期储蓄的本金是安全的。

（2）购买后就开始计算收益

产品都有一个募集期，而在募集期内购买一般不计算收益，只有过了募集期才开始计算利息。如某产品的募集期为8月1日到8月10日，如果你在8月5日购买，那么8月5日到8月10日期间是不计算利息的。

（3）预期收益就是实际收益

预期收益是银行根据市场及历史业绩做出的估算收益，并不是产品未来的实际收益。现在银行理财已经打破刚性兑付，不会保证收益，产品的收益都是不确定的，实际收益可能会高于预期收益，也可能亏本，最终要以银行实际支付为准。

（4）盲目追逐火热产品

不同银行推出的银行理财产品很多，不能看到别人购买就跟风购买或者频繁更换理财产品，这样做最终可能无法获得收益，还可能亏本，与家庭理财目标背道而驰。

（5）短期比长期更安全

很多人喜欢短线操作，认为短期理财风险会比长期理财风险更低，实际上有可能短期理财产品的风险高于长期理财产品。持有的产品风险高低，主要看产品的投资去向，投资的是低风险市场还是高风险市场。如A理财产品的投资期限为30天，投资方向主要为股市，而B理财产品的投资期限为 120 天，投资方向主要为货币市场，则短期 A 产品风险高于长期 B 产品。

在理财产品的期限选择上，要结合自身风险承受能力、资金流动性、资金需求、理财目标、投入本金等综合考虑。

（6）没有手续费，节约成本

产品在申购和赎回时，虽然是没有手续费的，但是在产品购买前，还需要计提销售费、管理费、托管费等，一般直接在产品的单位净值中扣除。

（7）所有银行产品都是银行发行

通过银行渠道购买的大部分银行理财产品都是银行自行发售或者银行的理财子公司发行、银行销售的，说明书中如果写明"银行作为投资者的代理人……"就要注意，银行只是接受委托代理销售，如果出现产品问题，与银行无关。我们可以在产品说明书中看产品的管理人是该银行，还是其他金融机构。

（8）过分相信产品风险评级

产品的风险评级只是银行的内部评级，而非第三方评级机构评级，缺乏客观性，而且行业对产品风险评级也没有统一标准，某类产品在第一家银行可能归类为 R1 级别，在第二家银行可能归类为 R2 级。因此，我们要客观看待产品风险评级，实际操作时还需要与自身抗风险能力、家庭需求、理财目标等结合起来，最终做出是否购买的决策。

银行理财产品的说明书内容通常很多，页数也不少，所以对于产品的风险说明及风险提示一定要细看，对产品说明书中的专业术语也要认真理解，再三确定后再签字购买。同时在持有过程中，注意关注银行官网的相关信息披露，以免错过重要信息，造成损失。

3.3 银行理财，钱袋子要守住

我们除了通过银行储蓄或购买理财产品来生钱赚钱，还要采取一定的行动来护钱，比如保护网银安全和管理手机银行，这样最终才能实现生钱、赚钱、护钱的良性循环，从而积累家庭资产。

3.3.1 网银有风险，六招来防守

网银就是网上银行的简称，是银行在互联网上的虚拟柜台，银行通过互联网给客户提供查询、对账、转账、信贷、网上证券等服务。我们不需要出门，通过互联网就能进行理财投资，但使用网银还是具有一定的风险的，看下面一个例子。

理财实例

玩个游戏，网银也会被刷

张先生下班以后喜欢玩游戏，有一天在线上有人喊话低价出售装备，有意者私聊，张先生通过其留下的 QQ 号码与对方进行了联系，对方邀请他到知名的网游交易平台"×××"上进行交易，并提供了该平台的商品链接。

张先生最终通过交行支付购买后，页面却提示交易不成功，于是他又与对方联系，对方给他提供了一个 ×× 平台客服的 QQ 号码，让他与客服协商，在与客服协商后，客服要求张先生提供真实姓名及身份证号，对方向张先生提供了一个退款链接。

张先生打开该链接，进入的却是一个授权支付页面，他还在犹豫中，客服却提出可以远程协助他完成退款操作，张先生同意对方通过 QQ 对自己的电脑进行远程操作，授权成功后，张先生觉得有点不对，于是终止了对方的远程操作。

原本张先生以为他只支付了 600 元，但他却收到银行短信提示，总的支付记录为 5 600 元，他再查询相关支付明细，发现 600 元充了话费，但是他自身手机号的话费却未增加，而剩余的 5 000 元去向不明。

当他再登录游戏与对方联系时，对方却再也未回复。

上例就是一个很典型的钓鱼欺诈案例，与传统欺诈不同的是，骗子不再通过 QQ 发送钓鱼链接，引导受害者在虚假网站购物，而是通过交易失败、发送退款链接诱导受害者授权银行账户支付协议。一旦受害者按照骗子的操作完成，本质上已经授权骗子使用另一个网银账户对自己的网银进行转账或支付，在授权完成的几分钟里，受害者的网银账户资金就被转走。

以实践经验来看，网银主要面临技术安全风险、管理安全风险和业务安全风险。

◆　技术安全风险

技术安全风险主要是由网上银行基础架构环境引发的安全问题，主要包括网上银行客户端安全认证风险、网络传输风险、系统漏洞风险、数据安全风险等。

◆　管理安全风险

管理安全风险主要是指网上银行日常运作处理中出现的安全隐患，包括系统应急风险、内部控制风险、外包管理风险等。

◆　业务安全风险

业务安全风险主要指商业银行人员或者个人对于网银的错误操作或恶意操作，给网银持有者带来一定损失的操作风险。

如何防范网银风险，保护网银安全？以下妙招可供大家借鉴。

①不向任何陌生人提供用户名、密码、动态口令。

②从官网登录，不要随意点开链接或者按照他人指示的网址登录。

③最好不要在公共场所登录并使用网银。

④一般在交易操作结束后，要主动退出网银系统，并关闭浏览器。

⑤一旦出现交易异常，通过官方客服进行处理。

⑥网银账户可设置单日最高转账限额，不要轻易授权给他人。

⑦最好开通银行账户变动短信通知、网银登录短信提醒等服务。

⑧网上银行登录密码和支付密码不要设置成相同密码，可定期更新。

在日常生活中，常见网银风险为个人网银密码被破解、使用时遭到木马攻击、被误导入钓鱼平台等，因此使用网银时要登录官方网站，保护个人敏感信息，注意操作安全，确保设备安全。

3.3.2 手机银行 App，护钱更生钱

简单来说，手机银行就是通过手机和其他移动设备，将除了现金业务之外的银行柜台业务搬到了手机上。手机银行就相当于电子版的银行柜台，只要安装相应的银行 App，就可以通过 App 实现查询、转账、汇款、缴费、临时挂失、基金理财、商业支付、网购等操作，不仅能帮我们护住钱袋子，还可以通过上面的理财产品，充实钱袋子。

理财实例

手机银行，理财有方法

在手机银行这个电子柜台上，我们可以办理自己需要的业务，如储蓄、转账、理财，但首先我们需要下载相应的银行 App 并登录。

如图 3-7 所示，进入农行 App 的首页，我们可以看到在手机银行里，具有转账、明细查询、信用卡、存款、社保服务、贷款、理财产品、基金、

充值等服务，点击 "理财产品" 按钮，进入理财产品页面，看看是否有符合自身规划的理财产品。

紧接着进入如图 3-8 所示的产品页面，我们可以选择相应的产品进行了解，这里选择农银理财、业绩比较基准为 3.35% 的产品进行简单了解。

图 3-7　登录手机银行

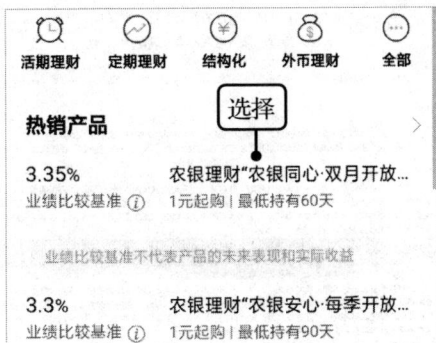

图 3-8　选择产品

进入如图 3-9 所示的产品详情页面，在该页面我们可以对产品名称、业绩比较基准、最低持有期限、募集方式等进行了解。

此外，我们还需要了解产品的交易规则明细，如起购金额、追加金额、最高限额、销售地区、收益类型等信息，如图 3-10 所示。

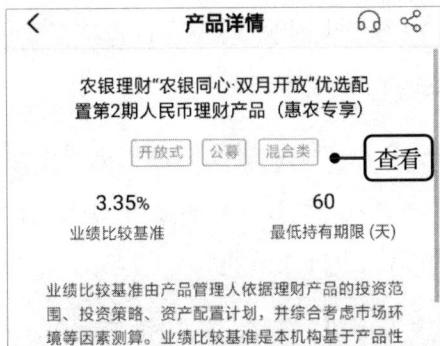

图 3-9　产品详情

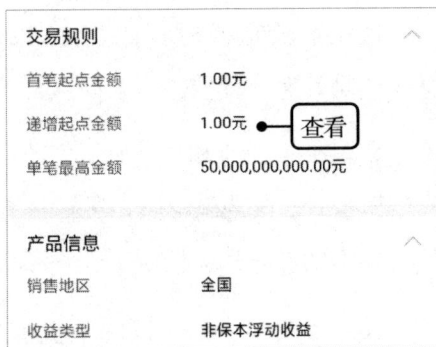

图 3-10　交易规则

为了更好地理解该产品，从而做出是否购买该产品的决定，我们还需要阅读产品说明书。首先，我们需要仔细阅读产品的风险揭示书，对于产品的风险有基本的了解，如图 3-11 所示。另外，读懂产品说明书，就用我们前面所说的“关注七大关键词”的方法，重点理解。

产品说明书有很多页，我们要仔细读完，尤其不要遗漏投资者权益须知，因为该部分对理财者、银行的权利和义务做了明确规定，如图 3-12 所示。

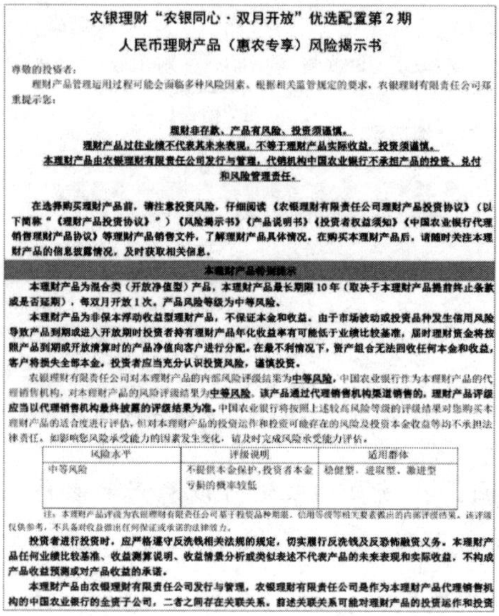
农银理财“农银同心·双月开放”优选配置第 2 期

人民币理财产品（惠农专享）风险揭示书

尊敬的投资者：

理财产品管理运用过程可能会面临多种风险因素。根据相关监管规定的要求，农银理财有限责任公司郑重提示您：

理财非存款、产品有风险、投资须谨慎。
理财产品过往业绩不代表其未来表现，不等于理财产品实际收益，投资须谨慎。
本理财产品由农银理财有限责任公司发行与管理，代销机构中国农业银行不承担产品的投资、兑付和风险管理责任。

在选择购买理财产品前，请注意投资风险，仔细阅读《农银理财有限责任公司理财产品投资协议》（以下简称“《理财产品投资协议》”）《风险揭示书》《产品说明书》《投资者权益须知》《中国农业银行代理销售理财产品协议》等理财产品销售文件，了解理财产品具体情况。在购买本理财产品后，请随时关注本理财产品的信息披露情况，及时获取相关信息。

本理财产品特别提示

本理财产品为混合类（开放净值型）产品，本理财产品最长期限 10 年（取决于本理财产品提前终止条款或是否延期），每双月开放 1 次。产品风险等级为中等风险。

本理财产品为非保本浮动收益型理财产品，不保证本金和收益。由于市场波动或投资品种发生信用风险导致产品到期或进入开放期时投资者持有理财产品年化收益率有可能低于业绩比较基准，届时理财资金将按照产品到期或开放清算时的产品净值向客户进行分配。在最不利情况下，资产组合无法回收任何本金和收益，客户将损失全部本金。投资者应当充分认识投资风险，谨慎投资。

农银理财有限责任公司对本理财产品的内部风险评级结果为**中等风险**，中国农业银行作为本理财产品的代理销售机构，对本理财产品的风险评级结果为**中等风险**。**该产品通过代理销售机构渠道销售的，理财产品评级应当以代理销售机构最终披露的评级结果为准。**中国农业银行将按照上述较高风险等级的评级结果对您购买本理财产品的适合度进行评估，但对本理财产品的投资运作和投资可能存在的风险及投资本金收益等均不承担法律责任。如影响您风险承受能力的因素发生变化，请及时完成风险承受能力评估。

风险水平	评级说明	适用群体
中等风险	不提供本金保护，投资者本金亏损的概率较低	稳健型、进取型、激进型

注：本理财产品评级为农银理财有限责任公司基于投资品种期限、信用等级等相关要素做出的内部评级结果，该评级仅供参考，不具备对收益做出任何保证或承诺的法律效力。

投资者进行投资时，应严格遵守反洗钱相关法规的规定，切实履行反洗钱及反恐怖融资义务。本理财产品任何业绩比较基准、收益测算说明、收益情景分析或类似表述不代表产品的未来表现和实际收益，不构成产品收益预测或对产品收益的承诺。

本理财产品由农银理财有限责任公司发行与管理，农银理财有限责任公司是作为本理财产品代理销售机构的中国农业银行的全资子公司，二者之间存在关联关系。前述关联关系可能对理财产品的投资运作和投资

图 3-11　风险揭示书

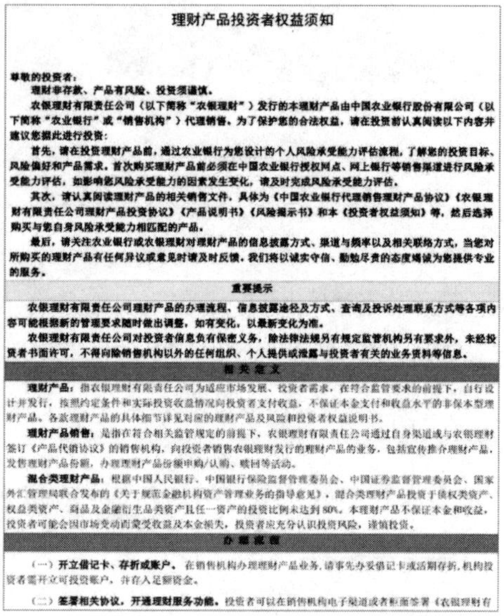
理财产品投资者权益须知

尊敬的投资者：

理财非存款、产品有风险、投资须谨慎。

农银理财有限责任公司（以下简称“农银理财”）发行的本理财产品由中国农业银行股份有限公司（以下简称“农业银行”或“销售机构”）代理销售。为了保护您的合法权益，请在投资前认真阅读以下内容并建议您据此进行投资：

首先，请在投资理财产品前，通过农业银行为您设计的个人风险承受能力评估流程，了解您的投资目标、风险偏好和产品需求。首次购买理财产品前必须在中国农业银行授权网点、网上银行等销售渠道进行风险承受能力评估，如影响您风险承受能力的因素发生变化，请及时完成风险承受能力评估。

其次，请认真阅读理财产品的相关销售文件，具体为《中国农业银行代理销售理财产品协议》《农银理财有限责任公司理财产品投资协议》《产品说明书》《风险揭示书》和本《投资者权益须知》等，然后选择购买与您自身风险承受能力相匹配的产品。

最后，请关注农业银行或农银理财对理财产品的信息披露方式、渠道与频率以及相关联络方式，当您对所购买的理财产品有任何异议或意见时请及时反馈，我们将以诚实守信、勤勉尽责的态度竭诚为您提供专业的服务。

重要提示

农银理财有限责任公司理财产品的办理流程、信息披露途径及方式、查询及投诉处理联系方式等各项内容可能根据新的管理要求随时做出调整，如有变化，以最新变化为准。

农银理财有限责任公司对投资者信息负有保密义务，除法律法规另有规定监管机构另有要求外，未经投资者书面许可，不得向除销售机构以外的任何组织、个人提供或泄露与投资者有关的业务资料等信息。

相关定义

理财产品：指农银理财有限责任公司为适应市场发展、投资者需求，在符合监管要求的前提下，自行设计并发行，按照约定条件和实际投资收益情况向投资者支付收益，不保证本金支付和收益水平的非保本型理财产品。各款理财产品的具体细节详见对应的理财产品及风险和投资者权益说明书。

理财产品销售：是指在符合相关监管规定的前提下，农银理财有限责任公司通过自身渠道或与农银理财签订《产品代销协议》的销售机构，向投资者销售农银理财发行的理财产品的业务，包括宣传推介理财产品，发售理财产品份额，办理理财产品份额申购/认购、赎回等活动。

混合类理财产品：根据中国人民银行、中国银行保险监督管理委员会、中国证券监督管理委员会、国家外汇管理局联合发布的《关于规范金融机构资产管理业务的指导意见》，混合类理财产品投资于债权类资产、权益类资产、商品及金融衍生品类资产且任一资产的投资比例未达到 80%。本理财产品不保证本金和收益，投资者可能会因市场变动而蒙受收益及本金损失，投资者应充分认识投资风险，谨慎投资。

办理流程

（一）**开立借记卡、存折或账户。**在销售机构办理理财产品业务，请事先办妥借记卡或活期存折，机构投资者需开立可投资账户，并存入足额资金。

（二）**签署相关协议，开通理财服务功能。**投资者可以在销售机构电子渠道或者柜面签署《农银理财有

图 3-12　投资权益须知

使用手机银行理财对于年轻人来说，很方便也很快捷，但无论选择储蓄、基金还是其他，都要注意及时关注市场，了解相关行情变化。

相对来说，手机银行比网银使用更安全，即使手机丢失，手机银行也有密码保护，该密码存储在银行核心业务系统中，即使手机被盗或者丢失，他人在不知道密码的情况下，是不能使用相关手机业务的。

如果手机丢失，可以向手机运营商报失停机，那么这部手机就无法做联机银行交易了；还可以通过手机、互联网、银行柜台等渠道取消手机银行服务，待手机找回或使用新的手机号码后，再开通手机银行服务。

第4章

"保本"是聪明投资的底线

　　巴菲特有三条重要投资原则：保住本金、保住本金，以及保住本金。在投资活动中，保住本金就是尽量少亏钱。没有人喜欢亏损，作为新手理财者，更应该将保本作为投资的底线。在投资初期就尽量选择风险相对较低的投资方式，如债券、基金。

4.1 巧用薪水去接"债"

对于收入一般的工薪阶层，薪水除了满足基本的生活保障外，盈余不会有很多，因此，在理财规划上要以追求稳定的长期收益为目的。债券就是这样一种投资工具，只要规划好薪水巧接"债"，就能实现这个目的。

4.1.1 揭开债券的神秘面纱

大部分收入普通的人选择投资债券，看重的就是其低风险、稳健收益的特点。那么，除了这个特点以外，你还对债券有哪些了解呢？如果要投资债券，就有必要系统地对债券的基本概况进行了解，这样才能为我们投资债券指明方向。

（1）什么是债券

债券是政府、企业、银行等债务人为筹集资金，按照法定程序发行并向债权人承诺于指定日期还本付息的有价证券。它作为一种重要的金融工具备受广大理财者青睐的原因是其具有较高的安全性和较强的流动性。

较高的安全性。债券与其他理财工具相比安全性更高，首先债券有固定的利率，与企业的经营绩效没有直接联系，收益比较稳定，风险较小。其次，债券的本金和利息是政府担保的，风险较低。另外，即便在企业破产的时候，债券持有者也享有优先于股票持有者对企业剩余财产的索取权，这对债券投资者的权益进行了保障。

较强的流动性。虽然债券有封闭期，但是债券可以在交易市场中随时卖出，自由买卖，具有较好的流动性。

（2）债券的基本要素

债券作为一种债权债务凭证，本质上就是一种债务证明。在债券的票面上，必须要载明应有的基本要素，这是明确债权人和债务人权利与义务的约定。

图 4-1 所示为债券的样图。

图 4-1 债券样图

从样图可以看到，债券的票面上载明了面额、债券利率等要素。总的来说，债券的票面要包括票面价值、发行人名称、票面利率、偿还期限、付息期这五大要素，各要素的具体介绍如表 4-1 所示。

表 4-1 债券五大要素

要　　素	具体介绍
债券面值	债券面值是指债券的票面价值，如图 4-1 所示的债券的票面价值为500 元。这个金额是发行人对债券持有人在债券到期后应偿还的本金数额，也是发行人向债券持有人按期支付利息的计算依据。债券的面值与债券实际的发行价格并不一定是一致的，发行价格大于面值称为溢价发行，小于面值称为折价发行，等于面值称为平价发行

续表

要 素	具体介绍
发行人名称	发行人名称指明债券的债务主体，依据发行主体不同而不同，为债权人到期追回本金和利息提供依据。如图 4-1 所示的债券的发行人为中国农业银行
票面利率	票面利率是指债券利息与债券面值的比率，是发行人承诺以后一定时期支付给债券持有人报酬的计算标准。如图 4-1 所示的债券的票面利率为：一年期年利率为 8.5%，二年期年利率为 9.2%，三年期年利率为 10%
偿还期限	债券偿还期是指债券上载明的偿还债券本金的期限，即债券发行日至到期日之间的时间间隔。如图 4-1 所示的债券的偿还期限为 1 ~ 3 年
付息期	债券的付息期是指发行人发行债券后利息支付的时间，它可以是到期一次支付，或 1 年、半年、3 个月支付一次。如图 4-1 所示的债券，其付息期是期满一年即可兑付

需要特别说明的是，以上债券要素并不一定都会在债券的票面上载明，有时候债券的期限、利率是以公告或者条例的形式展示。

（3）债券类型快速了解

债券的划分依据有很多，不同的划分依据下面又划分了不同的类型，简单列举一些常见的债券类型，具体如表 4-2 所示。

表 4-2　债券的类型

划分依据	类 型	具体表述
按发行的主体划分	政府债券	政府债券指政府为筹集资金而发行的债券，主要包括国债、地方政府债券等，其中最主要的是国债。国债信誉好、利率优、风险小，又被称为"金边债券"
	金融债券	金融债券是由银行和非银行金融机构发行的债券。在我国金融债券主要由国家开发银行、进出口银行等政策性银行发行。金融机构有雄厚的资金实力，信用度较高，因此金融债券往往有良好的信誉

续表

划分依据	类　型	具体表述
按发行的 主体划分	企业债券	企业债券是按照《企业债券管理条例》的规定发行与交易、由国家发展与改革委员会监督管理的债券,在实际中,其发债主体为中央政府部门所属机构、国有独资企业或国有控股企业,因此在很大程度上体现了政府信用
	公司债券	公司债券的管理机构为中国证券监督管理委员会,发债主体为按照《中华人民共和国公司法》设立的公司法人,在实践中,发行主体为上市公司,信用保障是发债公司的资产质量、经营状况、盈利水平和持续盈利能力等
按债券的 形态划分	实物债券	实物债券是一种具有标准格式实物券面的债券。在其券面上印制了债券面值、票面利率等债券要素。其不记名、不挂失,可上市流通
	凭证式债券	凭证式债券是指采取不印刷实物券,根据认购者的认购金额填写实际缴款金额的收款凭证的方式发行的债券,如凭证式国债就是国家采取不印刷实物券,而用填制"国库券收款凭证"的方式发行的债券
	记账式债券	记账式债券指没有实物形态的票券,它以电脑记账方式记录债权,通过证券交易所的交易系统发行和交易。我国通过沪深交易所的交易系统发行和交易的记账式国债就是这方面的实例,所以记账式国债又称无纸化国债
按是否可 转换划分	可转换债券	可转换债券是指在特定时期内可以按某一固定的比例转换成普通股的债券,它具有债务与权益双重属性,属于一种混合型筹资方式
	不可转换 债券	不可转换债券是指不能转换为普通股的债券,又称为普通债券。由于其没有赋予债券持有人将来成为公司股东的权利,所以其利率一般高于可转换债券
按付息的 方式划分	零息债券	零息债券也叫贴现债券,是指债券券面上不附有息票,在票面上不规定利率,发行时按规定的折扣率,以低于债券面值的价格发行,到期按面值支付本息的债券
	定息债券	定息债券是将利率印在票面上并按期向债券持有人支付利息的债券
	浮息债券	浮息债券是债券利率随市场利率变动而调整的债券

4.1.2 债券的交易程序初了解

做任何一项投资，都必须了解其交易流程。对于债券而言，根据其交易地点的不同可以分为场内交易和场外交易，各自的交易流程如下。

（1）场内债券交易程序

场内债券交易也被称为交易所交易，交易的所有程序都要经证券交易所立法规定，并且各个步骤的规定都非常明确、严格。债券的交易程序包括五个步骤：开户、委托、成交、清算和交割、过户。各程序步骤的介绍如表4-3所示。

表4-3　场内债券交易各程序步骤介绍

程　　序	具体表述
开户	开户是理财者进行债券投资的第一步，在选择一家可靠的证券经纪公司后即可与证券公司订立开户合同并开立账户。 在我国上海证券交易所允许开立的账户有现金账户和证券账户。现金账户只能用来买进债券并通过该账户支付买进债券的价款，证券账户只能用来交割债券
委托	投资者与证券公司的办事机构联系并发出委托，证券公司接到委托后，按照投资者的委托指令，填写"委托单"，将投资交易债券的种类、数量、价格、开户类型和交割方式等一一写明，并将"委托单"及时送达证券公司在交易所中的驻场人员，由驻场人员负责执行委托
成交	证券公司在接受投资客户委托并填写委托说明书后，就要由其驻场人员在交易所内迅速执行委托，促使债券成交
清算和交割	债券交易成立以后就必须进行券款的交付，即买方需要支付现金，卖方需要交出债券，这就是债券的清算和交割。 ①债券的清算是指对同一证券公司在同一交割日对同一种债券的买和卖进行相互抵销，确定出应当交割的债券数量和应当交割的价款数额，然后按照"净额交收"原则办理债券和价款的交割。 ②债券的交割就是将债券由卖方交给买方，将价款由买方交给卖方
过户	过户是指将债券的所有权从卖方名下转移到买方名下。在办理过户手续时，买方需要携带个人资料，到证券公司的过户机构进行过户，卖方需要提供过户通知书并盖章，而买方需要提供印章盖章

场内债券交易遵循的原则

无论是买方还是卖方都需要遵循"三先"原则,即价格优先、时间优先、客户委托优先。价格优先指证券公司按照交易最有利于投资委托人的利益的价格买进或卖出债券;时间优先指要求在相同的价格申报时,应该与最早提出该价格的一方成交;客户委托优先主要是要求证券公司在自营买卖和代理买卖之间,首先进行代理买卖。

(2)场外债券交易程序

场外债券交易就是在证券交易所以外的证券公司柜台进行的债券交易,场外交易又包括自营买卖和代理买卖两种。

◆ 自营买卖债券程序

场外自营买卖债券就是投资者个人与证券公司之间的债券买卖交易,债券的交易价格由证券公司自己挂牌。其交易程序包括提出买卖申请、开出成交单、完成交易三个步骤,各程序步骤的介绍如表 4-4 所示。

表 4-4 自营买卖债券各程序步骤介绍

程　　序	具体表述
提出买卖申请	债券买卖双方根据证券公司的挂牌价格,填写申请单。申请单上载明债券的种类、买入或卖出的数量
开出成交单	证券公司按照买入、卖出者申请的券种和数量,根据挂牌价格开出成交单。成交单的内容包括交易日期、成交债券名称、单价、数量、总金额、票面金额、客户的姓名和地址、证券公司的名称、地址、经办人姓名以及业务公章等,必要时还要登记卖出者的身份证号
成交	证券公司根据成交单的内容向客户交付债券或现金,完成交易

◆ 代理买卖债券程序

场外代理买卖债券指投资者个人委托证券公司代其买卖债券,证券公司仅作为中介而不参与买卖业务,交易价格由委托买卖双方分别挂牌,达成一致后形成。场外代理买卖的程序包括填写委托书、提交委托书、挂牌交易、填写成交单、交易完成五个步骤，各程序步骤介绍如表4-5所示。

表4-5　代理买卖债券各程序步骤介绍

程　序	具体表述
填写委托书	委托人填写委托书，委托书的内容包括委托人的姓名和地址、委托买卖债券的种类、数量和价格、委托日期和期限等
提交委托书	委托人将填好的委托书交给委托的证券公司，其中买方需要缴纳一定的保证金，卖方需要交出相应的债券，证券公司开具临时票据
挂牌交易	证券公司根据委托人的买入或卖出委托书上的基本要素，分别为买卖双方挂牌交易。如果为一对一交易，可通过双方讨价还价，促使债券成交；如果买方、卖方为多人，则根据"价格优先，时间优先"的原则，顺序办理交易
填写成交单	债券成交后，证券公司填写具体的成交单，内容包括成交日期、买卖双方的姓名和地址、交易机构名称、经办人姓名以及业务公章等
交易完成	买卖双方接到成交单后，分别交出价款和债券。证券公司收回临时收据，扣收代理手续费，办理清算交割手续，完成交易过程

4.1.3 债券网上轻松买卖

相对而言，身处于职场的年轻人，闲暇时间不会那么多，但是如今的网络十分便捷。通过网络，理财者可以在金融投资网或者银行的官网上方便、轻松地完成债券交易。下面以工商银行为例，介绍债券的购买。

理财实例

在工商银行购买债券

访问工商银行官网并登录个人网上银行。在打开的页面中单击"全部"导航按钮，在弹出的下拉列表中选择"理财·债券"选项，在弹出的面板中单击"债券"栏中的"柜台记账式债券"超链接，如图4-2所示。（也可以单击"财富广场"导航按钮,在弹出的下拉列表中选择"债券"选项进入到债券选择页面。)

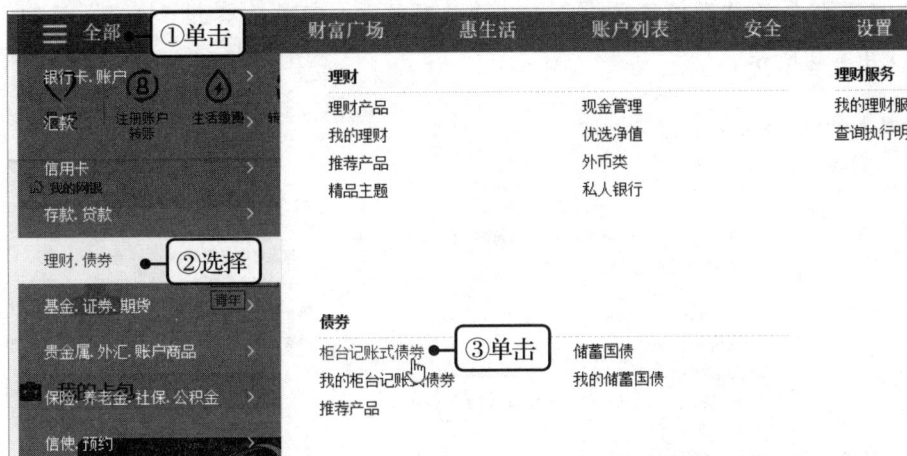

图 4-2 单击"柜台记账式债券"超链接

在打开的页面中显示了相关债券的结果列表,每一个债券品种都展示了对应的债券名称、到期收益率、发行价格、剩余期限等信息,确认一个品种后单击其右侧的"购买"按钮,如这里单击"21甘肃债11(2105529)"债券对应的"购买"按钮,如图 4-3 所示。

图 4-3 单击"购买"按钮

在打开的"填写购买信息"页面中详细列举了债券名称、债券代码、币种、面值、发行日期、票面利率、发行价格、到期日等信息，查看完信息后输入购买债券的总面值（只能是 100 的整数倍），完成后单击"提交"按钮，如图 4-4 所示。

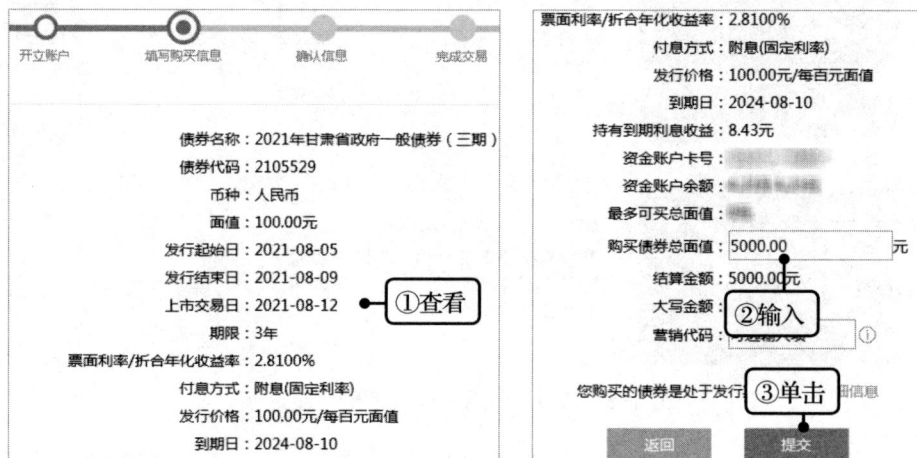

图 4-4 输入购买总面值并提交购买申请

在打开的确认信息页面中确认债券的购买信息后，单击"确定"按钮即可完成债券的购买操作，如图 4-5 所示。

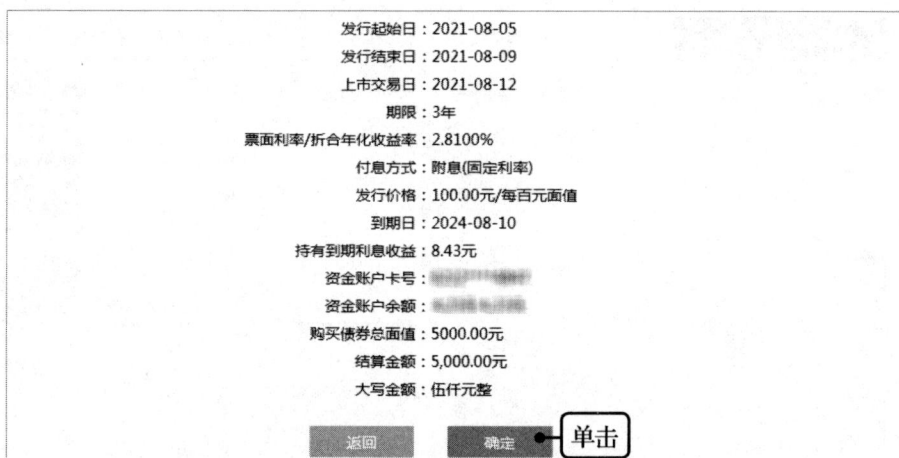

图 4-5 确认购买信息

稍后程序自动进入到交易完成界面，提示交易成功。到此为止，通过网银买入债券的步骤就已经完成，如同银行存取款一样，我们可对交易以及余额进行查询。

在网上买卖债券，也需要对相关买卖的交易程序进行查询，可以在网上买入后，也可以在购买一段时间后，或者在卖出后，查询相关的交易明细。查询操作相对简单，步骤与此类似，这里不再做详细讲解。

4.1.4 简单省时地计算债券收益

理财者在投资债券时，最关心的还是自己赚了多少钱，那么这个收益怎么来计算呢？

债券收益一般使用债券收益率这个指标来衡量，通常用年收益率表示。其计算公式为：

债券收益率 = 债券收益 / 投资本金 × 100% = (到期本息和 − 发行价格) / (发行价格 × 偿还期限) × 100%

由于债券持有人可能在债券偿还期内转让债券，因此，债券的收益率还可分为债券出售者收益率、债券购买者收益率和债券侍有期间收益率，各收益率介绍如下。

◆ 债券出售者收益率

债券出售者收益率是指投资者将认购的新发行债券到债券转让市场出售时的投资收益率。其计算公式为：

债券出售者收益率 = (卖出价格 − 发行价格 + 持有期间的利息) / (发行价格 × 持有年限) × 100%

◆ 债券购买者收益率

债券购买者收益率是指购买者买进债券后不再卖出，一直存到还本付息日的收益率。其计算公式为：

债券购买者收益率＝（到期本息和－买入价格）/（买入价格 × 剩余期限）× 100%

◆ 债券持有期间收益率

债券持有期间的收益率是指投资者从购入债券到卖出债券这段特有期限里所能得到的收益率。其计算公式为：

债券持有期间收益率＝（卖出价格－买入价格＋持有期间的利息）/（买入价格 × 持有年限）×100%

下面通过一个具体的实例来进行讲解。

理财实例

计算章先生的债券购买收益率

章先生在 2020 年 1 月 1 日以 102 元的价格购买了一张面值为 100 元、利率为 10%、每年 1 月 1 日支付一次利息的 2016 年发行的 5 年期债券，并持有到 2021 年 1 月 1 日到期。下面需要计算章先生购买债券的购买收益率，其具体计算如下。

债券购买者的收益率 =[（100+100×10%−102）/102×1] ×100%=7.84%

对于理财新手来说，可能觉得利用公式计算收益率比较麻烦，而且各种收益率有点傻傻分不清。

此时可以借助网络中提供的收益率计算工具，输入相关参数值即可快速得到收益率结果。下面以在东方财富网使用债券计算器为例进行简单介绍。

理财实例

在东方财富网中计算债券收益率

进入东方财富网首页（https://www.eastmoney.com/），在页面上方导航栏中单击"债券"超链接，如图 4-6 所示。

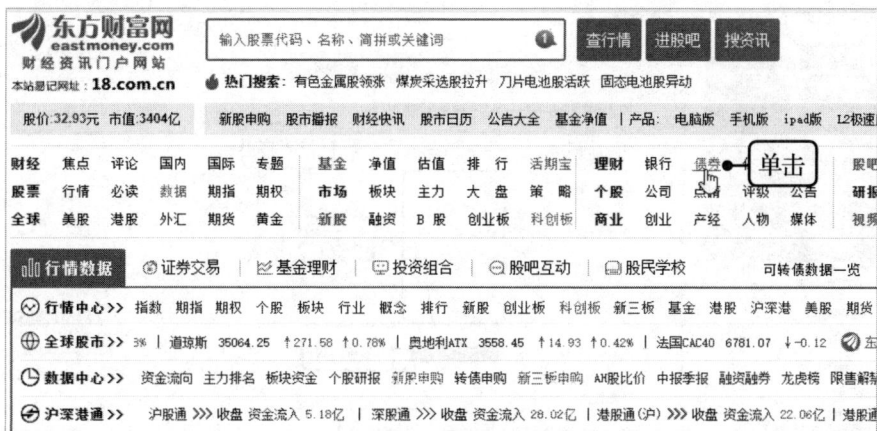

图 4-6 单击"债券"超链接

在打开的页面中找到"债券头条"版块，然后单击"债券计算器"超链接，如图 4-7 所示。

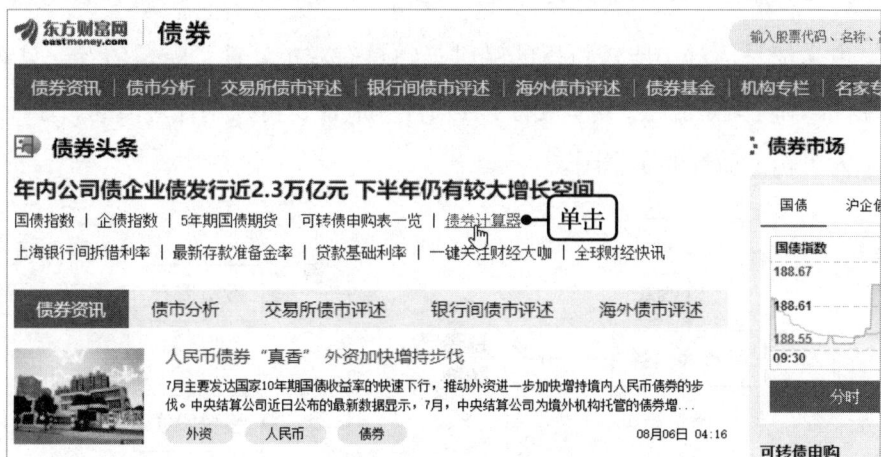

图 4-7 单击"债券计算器"超链接

进入"债券收益计算"页面，程序自动切换到债券收益率计算器，然后在页面中选择计算种类，输入债券面值、买入价格、到期时间以及票面利率（这里以上个案例的数据进行录入演示），最后单击"计算"按钮，此时即可在下方的计算结果栏查看收益率计算结果，其计算结果与上个案例中手动计算的结果是一致的，如图 4-8 所示。

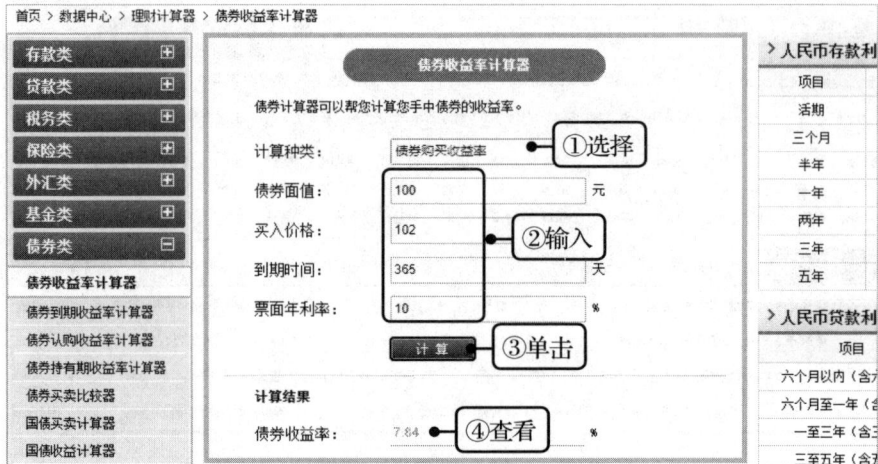

图 4-8　计算债券的收益率

4.1.5 可转债，玩赚升级有"钱"途

可转债是债券中比较特殊的品种，它具有双重属性，既是债券，具有债性，但同时又是股票，具有股性，其债性和股性是可以相互转换的。图 4-9 所示为可转换债券的示意图。

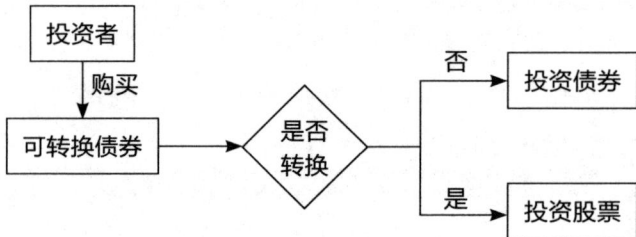

图 4-9　可转换债券示意图

从上图可以看到，投资者在购买可转换债券之后有两种转换情况。

①拒绝转换。此时手中的可转换债券就是债券，具有债券的特性，可以享受到期利息收益。

②选择转换。此时手中的可转换债券就是股票，具有股票的特性，可

以在股票市场中享受股票投资收益。

另外，可转债被广大投资者青睐的最主要原因就是可转债进可攻、退可守，因此也被誉为"可进可退"的稳健型投资产品，但是很多人却不清楚其中的"可进"和"可退"分别是什么意思，有什么用。

可转债投资的可贵之处在于它赋予债权人灵活转换的选择权利，而且是否转换、什么时候转换，都完全由债权人自行决定。正是这种自由的转换权，使可转债具备可进的攻击性，也具备了可退的防备性。

为了让理财者能够直观地理解可转债的攻守特性，一起来看图 4-10 所示的可转债的攻守特性。

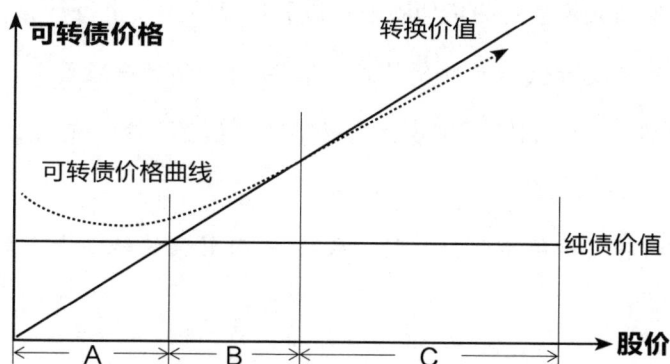

图 4-10 可转债的攻守特性

从上图可以得到下列三点信息。

①投资者持有可转债，如果正股价低于转股价，转股价值较低，投资者可以选择持有可转债到期，享受纯债价值（如图中的区间 A）。

②投资者持有可转债，如果二级市场可转债价格上涨，此时虽然股价也继续上涨，但转换价值低于可转债价格，那么投资者可以继续持有可转债在二级市场买卖交易获利（如图中的区间 B）。

③投资者持有可转债，股价继续上涨，带动二级市场可转债价格继续

上涨，但转换价值明显高于可转债价格时，投资者可以转股，享受股价上涨收益（如图中的区间 C）。

因此，在可转债的投资操作过程中，可转债的纯债价值可以看作是投资者可退的底线，而可转债转股的股价收益追求可以看作是投资者可进的进击线。

从以上示意图我们也可以得出一个结论，投资者是否将可转债进行转换，首先要评估可转债的转换价值是否高于持债收益。如果转股价值较低，投资者转股之后无利可图，此时投资者就会选择继续持有可转债，到期兑付本息。

那么，如何来评估转股价值呢？可以利用以下公式进行计算。

可转债的转股价值 = 可转债的正股价 ÷ 可转债的转股价

按照目前可转债的发行规定，可转债的面值统一为 100 元，因此，上述公式变形后如下所示。

可转债的转股价值 = 可转债的正股价 ÷ 可转债的转股价 × 100

理财实例

计算可转换债券的转股价值

【例 1】

某公司发行的可转债转股价格为 11 元，此时正股价格为 12 元，那么可转债的转股价值计算如下。

12 ÷ 11 × 100=109.09（元）

【例 2】

再例如，某公司发行的可转债转股价格为 11 元，此时正股价格为 10 元，那么可转债的转股价值计算如下。

10 ÷ 11 × 100=90.91（元）

从计算结果可以看出，当正股价大于转股价格时，转股价值大于100，此时投资者转股有收益，且转股价值越大，投资者的收益空间就越大；当正股价小于转股价格时，转股价值小于100，此时投资者转股没有收益，还会遭受损失，所以继续持有可转换债券。

另外，即便是在转股价值大于100，正股价高于转股价时，如果高出的值不大，投资者转股仍然具有一定的风险，因为股票交易实行"T+1"交易制度，即投资者转股之后需要在第二天才能够卖出股票，这期间股价依然是波动变化的，有下跌的可能性，所以如果高出的范围过小，投资者转股仍然有可能遭受损失。

4.1.6 债券风险，巧回避

债券相对于其他投资方式而言，风险较小，但是不代表没有。做任何投资都会存在风险，有风险就意味着有损失。这个损失有可能是因为价格涨跌变化带来的损失，也有可能是债权人的信用风险导致的损失。

理财者在进行债券投资时，一定要事先明确投资可能存在的风险，并评估风险可能带来的损失。只有做足这些准备工作，才能规避风险，聪明地投资。

下面就来看一看投资债券可能面临哪些常见风险，并且对于这些风险应该如何应对。具体介绍如表4-6所示。

表4-6　债券投资的常见风险及其规避方法

风　　险	具体表述	规避方法
利率风险	是指由于利率变动而使投资者遭受损失的风险	不要把所有的"鸡蛋"放在同一个篮子里，分散债券的期限，长短期配合。若利率上升，短期投资可以迅速找到高收益投资机会；若利率下降，长期债券却能保持高收益

风　险	具体表述	规避方法
违约风险	是指发行债券的借款人不能按时支付债券利息或偿还本金，而给债券投资者带来损失的风险	①购买由财政部发行的国债，因其有政府担保，所以没有违约风险。 ②不买质量差的债券。尽量避免购买经营状况不佳或信誉不好的公司的债券。 ③持债期间，应尽可能对公司经营状况进行了解，以便及时做出卖出债券的抉择
变现能力风险	是指投资者在短期内无法以合理的价格卖掉债券的风险	①应尽量选择交易活跃的债券，如国债等，便于得到其他人的认同，冷门债券最好不要购买。 ②在投资债券之前也应考虑清楚，准备一定的现金以备不时之需，毕竟债券的中途转让不会给持债人带来好的回报
购买力风险	是指由于通货膨胀而使货币购买力下降的风险	分散投资不同品种的理财产品以分散风险，使购买力下降带来的风险能被某些收益较高的投资所得所弥补。通常采用的方法是将一部分资金投资于收益较高的投资方式上，如股票、期货等，但风险也随之增加

4.2 巧投"基"不投机

在各种理财方式中，基金也是大家熟知的一种投资品种。不过基金产品的种类繁多，投资方式也多，可以覆盖不同风险偏好的理财者。面对这种投资方式，我们要想保本投资，就必须做到巧妙投资，而不是投机。

4.2.1 新手买"基"，入门知识学起来

基金是指通过发售基金份额，将众多投资者的资金集中起来，形成独立的财产，由基金托管人托管，基金管理人管理，以投资组合的方式进行证券投资的一种利益共享、风险共担的集合投资方式。

我们可以从以下三个过程来理解基金的运作。

①在基金公司设计好基金产品后，通过发行卖给投资者完成募集，从而把投资者手中的资金汇集在一起形成基金。

②投资者将这些基金资金委托给基金管理人（基金公司）来进行投资，对于投资者汇集在一起的资金，基金管理人不直接接触，而是由基金托管人（一般是银行）来监管，投资者、基金管理人和基金托管人之间则是通过订立合同建立信托协议，确立由投资者出资、基金管理人受托负责投资理财、基金托管人负责保管资金的信托关系。

③最后基金管理人将获得的投资收益分配给投资者。

根据以上过程，得到的基金运作示意图如图 4-11 所示。

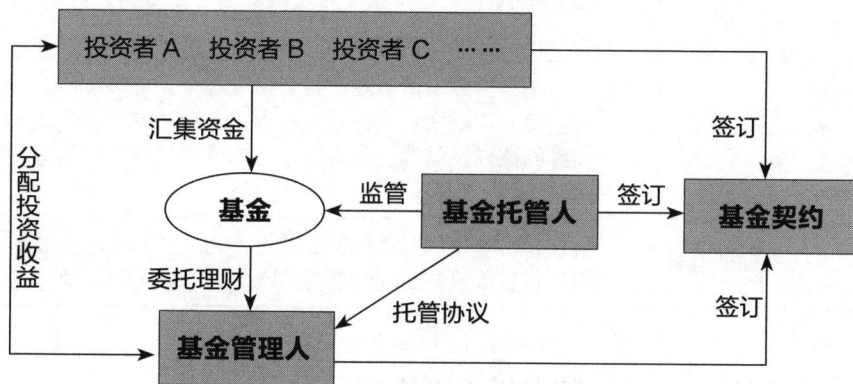

图 4-11　基金运作示意图

正因为基金有专业的基金公司管理，有可信赖的银行托管，所以才形成了风险相对较低、收益率相对较高的优点，这也是广大投资者选择基金的主要原因。

了解清楚基金的运作模式后，我们还需要了解可投资的基金类型及各类型的特点，以指导理财者更好地选择合适的投资品种。

基金按照不同的划分依据，可以划分出很多类型，下面具体介绍一些常见划分类型，如表 4-7 所示。

表 4-7　基金的类型

划分依据	类　　型	具体表述
按运作方式划分	封闭型基金	封闭型基金是指基金规模在发行前已确定，在发行完毕后和规定的期限内，基金规模固定不变的投资基金
	开放型基金	开放型基金是相对于封闭型基金而言的，是指基金规模不是固定不变的，而是可以随时根据市场供求情况发行新份额或被投资人赎回的投资基金
按投资对象划分	股票基金	股票基金指的是以股票为主要投资对象的基金。股票基金在各类基金中历史最为悠久，也是世界各国广泛采用的一种基金类型
	债券基金	债券型基金主要以债券为投资对象，基金资产 80% 以上投资于债券的基金
	货币基金	货币基金则以货币市场工具为投资对象。货币市场工具主要包括一年以内的银行定期存单、大额存单，一年以内的债券回购以及其他中国人民银行认可的具有良好流通性的金融工具
	混合基金	混合基金是指同时以股票、债券等为投资对象，通过不同资产类别的投资实现收益与风险之间的平衡的基金

4.2.2　投"基"开户，网上操作更快捷

投资基金是必须开户的，这是基本的前提。

可能有些人会有疑问，我没有开设基金账户，在支付宝上同样可以购买基金啊？

其实，在支付宝购买基金不是不用开户，而是在买的过程中，程序已经自动开户了。这里同样有一个前提，即必须是支付宝账户状态正常，并且开通了余额宝的大陆实名认证的用户。在这个前提下，支付宝用户都可

以通过支付宝 App 中的蚂蚁财富购买基金。

在支付宝中购买基金时，还可能遇到当前基金不可购买的情况，如图 4-12 所示的华夏恒生 ETF 联接（QDII）（美元现汇）A 基金（000075），其产品详情页面中只能查看该基金的涨跌幅、业绩走势、净值数据等信息，在页面下方可以看到灰色按钮显示"本平台暂不销售"字样，表示在支付宝平台上不能对其进行买卖操作。

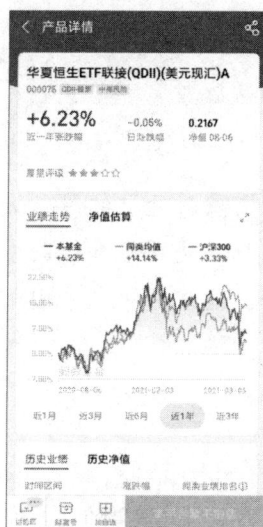

图 4-12 支付宝中不能购买的基金

此时，如果要购买这种基金，只能通过其他渠道来进行。例如注册一个该公司的基金账户，然后到该公司的官网进行购买等。

由于现在网络非常方便，很多基金公司都提供了网上开户服务，下面以在华夏基金官网在线开户为例，讲解相关的操作。

理财实例

在华夏基金公司官网在线开户

登录华夏基金公司官网（https://www.chinaamc.com/），在该页面的右上方单击"开户"按钮，开始进行基金开户操作，如图 4-13 所示。

图 4-13　单击"开户"按钮

在打开的页面中投资者需要对开户的银行进行选择，然而系统提供了两种具体的方式可供选择，分别是网银和理财中心客户开户。投资者可根据适合自己的方式自行选择，这里选中"中国邮政储蓄银行"单选按钮，如图 4-14 所示。

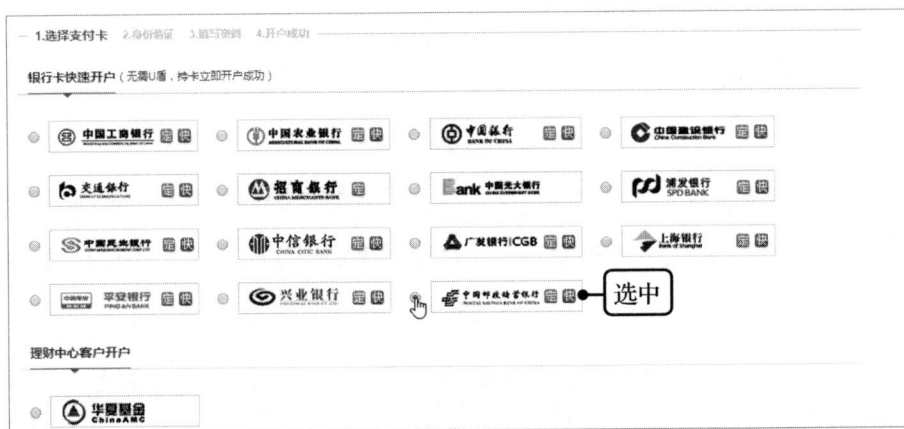

图 4-14　选择开户的具体方式

在打开的页面中输入自己的姓名，选择证件类型，输入证件号码、银行卡号、银行预留手机号码等信息。认真阅读《华夏基金管理有限公司快易付业务协议》后选中"我已阅读并同意"复选框，单击"获取验证码"按钮，如图 4-15 所示。

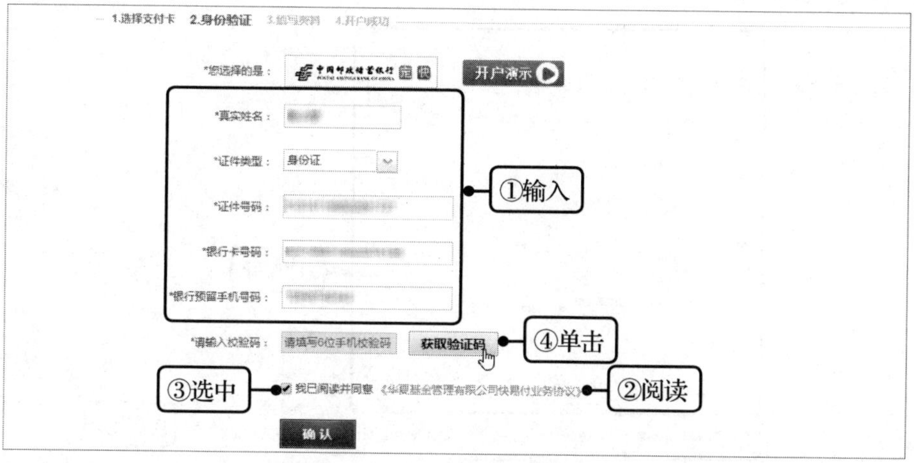

图 4-15　填写基本信息并获取验证码

当在手机上接收到由银行发送的验证码后，将其填入到"请输入校验码"文本框中，单击"确认"按钮，如图 4-16 所示。

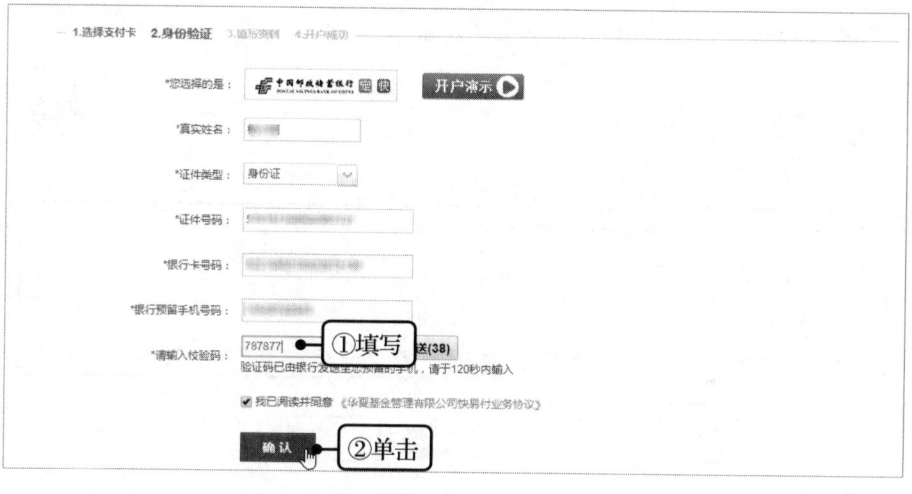

图 4-16　填写验证码并单击"确认"按钮

在打开的填写资料页面中详细填写开户人的相关信息，如证件有效期、家庭住址、邮政编码、E-mail、职业、设置交易密码、确认交易密码等，认真阅读《华夏基金电子交易服务协议》和《证券投资基金投资人权益须知》后选中"我已阅读并同意"复选框，单击"提交"按钮，如图 4-17 所示。

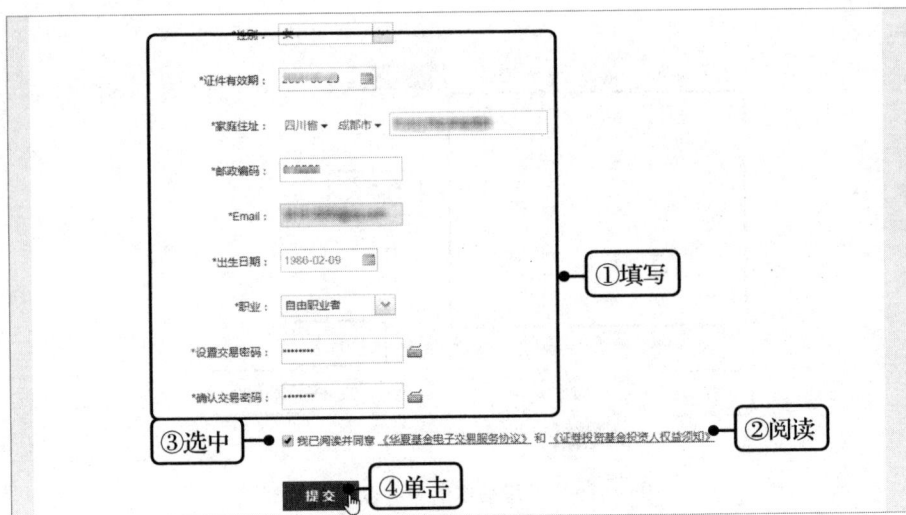

图 4-17　填写开户人的资料

　　稍后，程序将打开填写资料的补充信息页面，在其中确认相关信息后，选中本人确认对应的复选框，单击"提交"按钮，如图 4-18 所示。

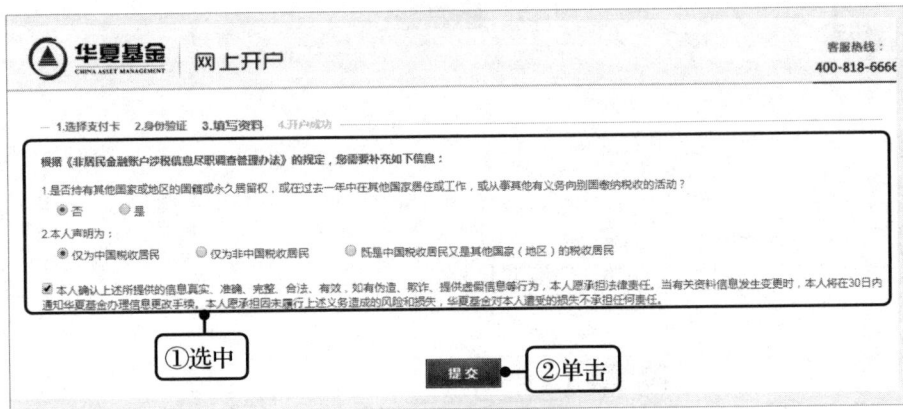

图 4-18　设置补充信息

　　程序自动进入到开户成功页面，在其中显示"网上交易开户已成功"的信息，如图 4-19 所示。在该页面中，单击"立即登录网上交易"按钮登录到网上交易系统，登录以后可以办理新增支付账户、购买基金、定期定额等业务。

图 4-19 单击"立即登录网上交易"按钮

在打开的网上交易登录页面中输入相应的登录账号和交易密码，如图 4-20 所示，单击"登录"按钮即可成功登录到华夏基金的网上交易系统（如果用户未开户，可在该页面右侧单击"立即开户"按钮进行开户操作）。

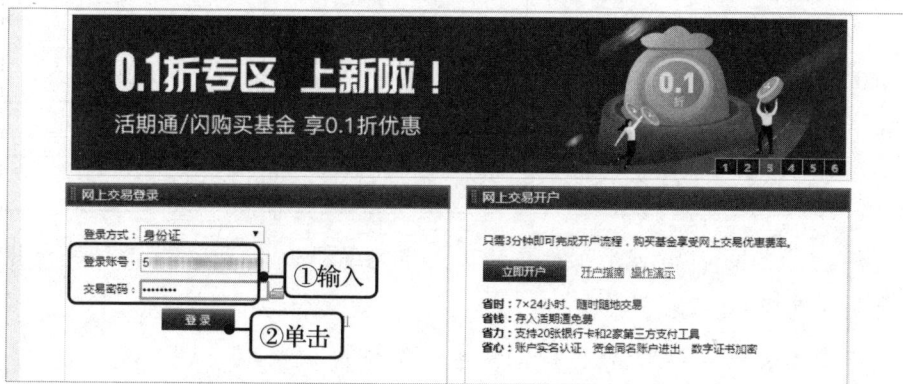

图 4-20 登录网上交易系统

4.2.3 盯准时机，省钱购基

在购买基金时，除了会产生申购费用，还会有其他运作费，如管理费、托管费和销售服务费等。

由于基金投资得到越来越多投资者的青睐，基金公司也随之推出更多的基金产品，各个基金公司、代销银行之间的竞争不断加剧，因此使得基金公司和银行不得不采取各种促销活动来吸引投资者。

在基金的日常开放日申购基金，申购费率通常为1.2% ~ 1.5%。促销活动中则要便宜不少，有的基金申购费率仅为0。

理财实例

申购费用算一算

某投资人投资30万元认购某基金，该基金前端申购的买入费率如表4-8所示。

表4-8　基金买入费率（前端申购）

金　　额	申购费率	优惠申购费率
0 ≤买入金额＜100万元	~~1.50%~~	0.15%
100万元≤买入金额＜200万元	~~1.20%~~	0.12%
200万元≤买入金额＜500万元	~~0.80%~~	0.08%
500万元≤买入金额	1 000元	1 000元

该投资者投资30万元，对应的优惠申购费率为0.15%。下面计算该投资者的申购费用。

净申购金额 = 申购金额 ÷（1+ 申购费率）

　　　　 ＝300 000÷（1+0.15%）

　　　　 ＝299 550.67（元）

申购费用 = 申购金额 - 净申购金额

　　　　 ＝300 000-299 550.67

　　　　 ＝449.33（元）

如果按照原申购费率1.50%计算申购费用，则相关计算如下。

净申购金额 1= 申购金额 ÷（1+ 申购费率）

      =300 000 ÷（1+1.50%）

      =295 566.50（元）

申购费用 1= 申购金额 − 净申购金额 1

      =300 000−295 566.50

      =4 433.50（元）

通过对比计算可以发现，该投资者此次购买基金，足足节省了 3 984.17 元（4 433.50−449.33）的申购费。

基金促销的方式五花八门，如新基金发行、节假日互动、基金公司与银行合作推出的其他促销方式等。

通常情况下，基金公司在进行促销活动之前，都会向投资者发出相关的公告，将促销活动的具体内容公示给广大投资者，保证投资者的权益。

站在投资者的角度来说，在购买基金前，可以先到银行柜台进行咨询，同时也要关注基金公司的最新动态，除了选择基金产品类型之外，合理选择基金购买的时间，也可以为投资者带来一定的收益。

投资者在促销活动期间购买基金，应重点关注促销活动的具体内容，注意自己选购基金的经营情况，不要错过了优惠期限，也不能因为申购费率低而盲目申购。

4.2.4 购买基金，持有期限聪明地选

近几年，越来越多的人选择投资公募基金。但是在实际操作时，却有不少疑问：基金到底长期持有好还是短期持有好？如果长期持有，担心利益回吐；如果短期持有，又容易踏空。

投资基金不像投资股票，需要随时盯盘，其最大的优势就是省时省力，因此长期持有符合基金投资的逻辑。而事实上，许多基金就其长期走势来

讲都是上涨的，图 4-21 所示为基金业绩走势。

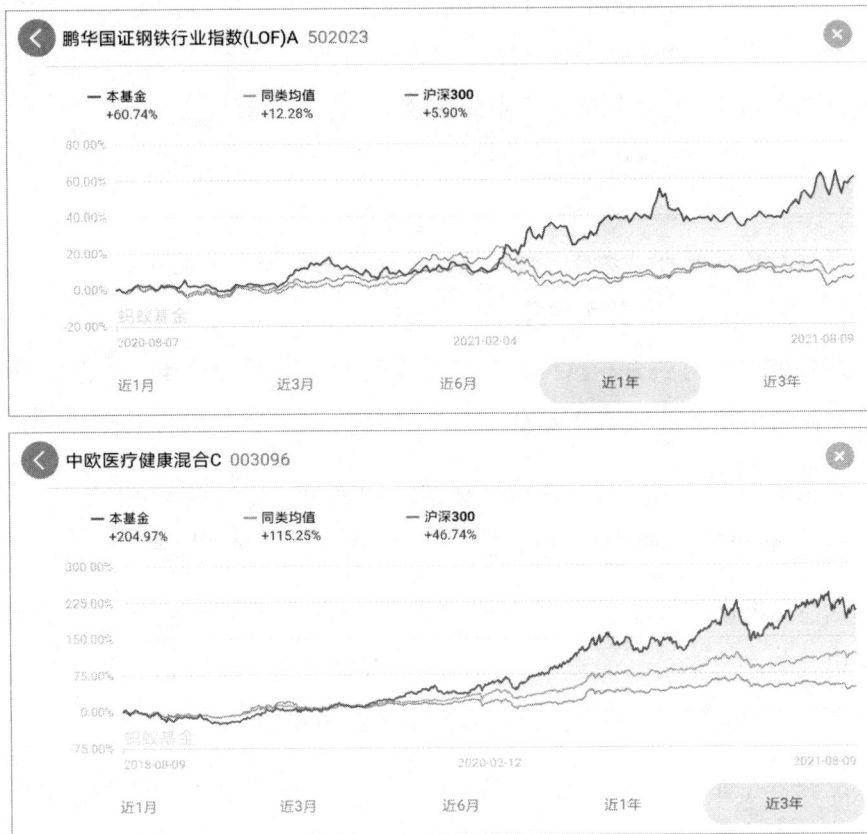

图 4-21 基金长期走势向上

对于没有太多闲暇时间的理财小白来说，因为经验不足，投资技术也缺乏，因此可以考虑购买基金后持有 1 ～ 3 年，从而获得稳定收益，省时又省力。

但是长期持有也是建立在一定的前提之上的，即你持有的是一只优质基金，正是因为其业绩表现好才能称得上是优质基金，也才有拉长投资期限、获得不菲收益的可能。如果是业绩比较差的基金，则被市场淘汰和清盘的可能性很大，这样的基金是没有投资价值的。

另外，如果你有幸持有了一只优质基金，在确定长期持有的投资策略基础上，以下两个方面也要关注到，因为它的出现可能会改变你的投资策略。

◆ 基金经理更换

在中国基金市场上，公募基金经理跳槽是比较常见的，有些优秀的公募基金经理在取得优秀的业绩后会转向操作私募基金。

对于一只基金来说，基金经理是非常重要的，它是基金业绩的根本保障，如果基金经理被更换了，那么这只优质基金以往良好的业绩就不能百分之百保证其能继续保持。尤其是基金频繁更换基金经理，理财者就要更加警惕了，业绩不能维持的风险是存在的，此时长期持有的投资策略可能就要转变成短线操作策略了。如果已经有了一定的收益，最好卖出基金，或者换基金以锁定利润，毕竟保本最重要。

◆ 市场行情不好

虽然基金是交付给专业的基金公司进行打理操作的，但是基金市场这个大环境是任何团队都不能左右的，因此，市场行情的好坏也会直接影响基金收益。尤其当市场进入熊市后，再强大的操作团队也不能保证投资一定有收益。

俗话说：覆巢之下，安有完卵。当市场进入熊市后，持有的时间越长，基金亏损的概率就越高，此时就要改变投资策略，果断止损，少亏损也是"赢"。

4.2.5 基金定投，品种选择很重要

基金定投是定期定额投资基金的简称，是指在固定的时间以固定的金额投资到指定的开放式基金中，类似于银行的零存整取方式。通过基金定投，可以引导理财者进行长期投资，而且这种投资方式可以平均投资成本，若理财者遇到购买基金后基金下跌的情形，定投有降低投资成本的作用。

定投基金如何平均投资成本

赵某大学刚毕业，现在在一家公司做销售，每月固定拿出 500 元进行投资，由于她比较偏好一些低风险的理财方式，于是在朋友的推荐下定投了一只基金。现在她已经定投了 6 个月了，这 6 个月定投基金的净值表现和购买份额如表 4-9 所示。

表 4-9　基金定投 6 个月的成本和持有份额

月　　数	月定投（元）	基金净值	购买份额
1	500.00	1.34	373.13
2	500.00	1.20	416.67
3	500.00	1.21	413.22
4	500.00	1.19	420.17
5	500.00	1.18	423.73
6	500.00	1.16	431.03

根据上表，她进行了简单的投入成本计算。

总投入 =500×6=3 000（元）

总份额 =373.13+416.67+413.22+420.17+423.73+431.03=2 477.95（份）

平均成本 = 总投入 / 总份额 =3 000/2 477.95=1.21（元）。

如果赵某不是通过定投，而是一次性投入 3 000 元，则可以购买的份额是：

3 000÷1.34=2 238.81（份）

通过对比可以看到，在购买基金后基金净值下跌的情况下，通过定投不仅可以持有更多的份额，还能有效降低投资成本。

其实，基金定投最大的作用还是让结余不多的低收入群体通过一种长期、强制定投的方式理财，逐渐累积财富。

那么，我们应该如何来确定基金定投的投资品种呢？

首先我们要明白，基金定投作为一项长期纪律性投资，有利于摊低价格波动较大的基金（如股票型基金、指数型基金等）的平均买入成本，而对本身价格波动幅度较小的债券型基金和货币型基金其作用并不明显。

因此，建议理财者在确定基金定投品种时多考虑价格波动较大的股票型基金或指数型基金。

除此之外，理财者在确定基金品种时，还要从以下几个方面进行综合考量。

①基金经理是否长期稳定。

②看基金成立的时间长短。

③看基金累计净值增长率、基金分红比率。

④把基金收益与大盘走势、其他同类型的基金进行比较。

⑤看专业投资者对于该基金的评价。

⑥看专业机构对于基金的评级。

基金的定投也是有风险的，所以理财者在定投之前，要选择好定投的基金。此外，既然选择了定投，理财者就应做到不要每天都去盯价格，因为价格每天都会变动，这会影响定投者的心理，当定投者忍受不了价格涨跌变化时，可能忘记基金定投的初衷，中断定投，降低投资收益。

4.2.6 "债""基"不分家，债券基金选一选

你或许听说过债券基金，那债券基金的本质是债券还是基金呢？它的收益怎么计算呢？有什么投资技巧呢？下面就一起来看一看。

（1）债券基金的类型有哪些

根据中国证监会对基金类别的分类标准，基金中的资产 80% 以上投资于债券的基金为债券基金。所以债券基金是投资于债券市场的基金。

在我国，债券基金的投资对象是国债、金融债和企业债，它的收益和风险低于股票和股票基金。根据基金管理人的资金投资比例情况，可以将债券基金分为纯债基金、一级债基和二级债基，具体介绍如表 4-10 所示。

表 4-10　债券基金的类型

类　　别	购买份额
纯债基金	基金资产只投资于债券，不投资股票的基金，在债券基金中纯债基金的风险最低。纯债基金根据投资时间长短又分为短期纯债基金和中长期纯债基金
混合债券型一级基金	简称为"一级债基"，基金中至少 80% 仓位的资金投资于债券，其余的资金可投股票一级市场和可转债。一级债基原则上是不能直接参与到股票二级市场的。所持有的股票来源有两个方向：一个是股票一级市场（即"打新股"），第二个是因可转债转股而持有的股票
混合债券型二级基金	简称为"二级债基"，基金中至少 80% 仓位的资金投资于债券，其余的资金可直接买卖股票。二级债基可以理解为一级债基的延伸，二级债基不仅可以投资一级市场和可转债，亦可投资于股票二级市场，即直接买卖股票（仓位均不高于 20%）

（2）债券基金的选择建议

债券型基金最大的特点就是风险低、收益稳定。风险低不代表没有风险，因此，债券型基金仍然不适合投资者进行全仓买入。在选择债基时，为了有效规避风险，可以从以下几方面入手考虑。

①选择评级相对较高的信用债或利率债，可以在一定程度上减少信用风险和利率风险。

②选择持仓分散的基金，看债券基金的投资组合，重点关注重仓的债券是否安全，在一定程度上降低市场风险。

③选择规模适中、业绩优良、成立时间长的基金。对于该类债券基金，管理运作相对更成熟，可以在一定程度上规避提前赎回及通货膨胀风险。

④选择 FOF（Fund of Funds）认可的基金，FOF 是基金中的基金，FOF 投资的债券基金相对风险较低，可以降低整体投资风险。

（3）如何查看债基信息

作为理财小白，如何选到适合自己的债券基金呢？建议根据我们前面所说的债基购买小建议，如从基金的规模、业绩、评级等方面综合考虑，对于这些基本信息，在基金网上可以非常方便地查看。

理财实例

在线查看债券基金的概况

进入华夏基金官网（也可以进入其他基金网站，如天天基金网），在页面中部的"基金产品专区"栏中单击"债券型"分类选项卡，在右侧的列表中可以查看到基金的代码、名称、净值、涨跌幅等信息，选择要查看的债基名称，这里单击"华夏纯债债券 A"超链接，如图 4-22 所示。

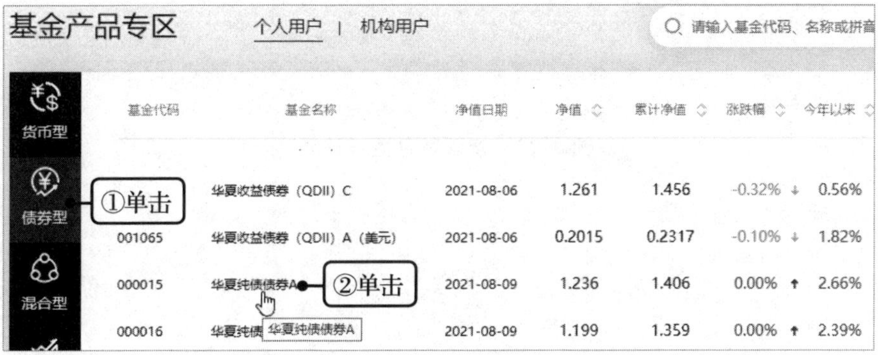

图 4-22 单击"华夏纯债债券 A"超链接

  在打开的页面中可以查看该只债券基金的基本信息，在下方还有一排导航按钮，具体为"基金概览""基金经理""历史净值""历史分红""费率结构""产品公告""销售网点"，如图4-23所示。单击不同的导航按钮，可以查看对应的债基信息，作为理财者是否购买该债基的参考。

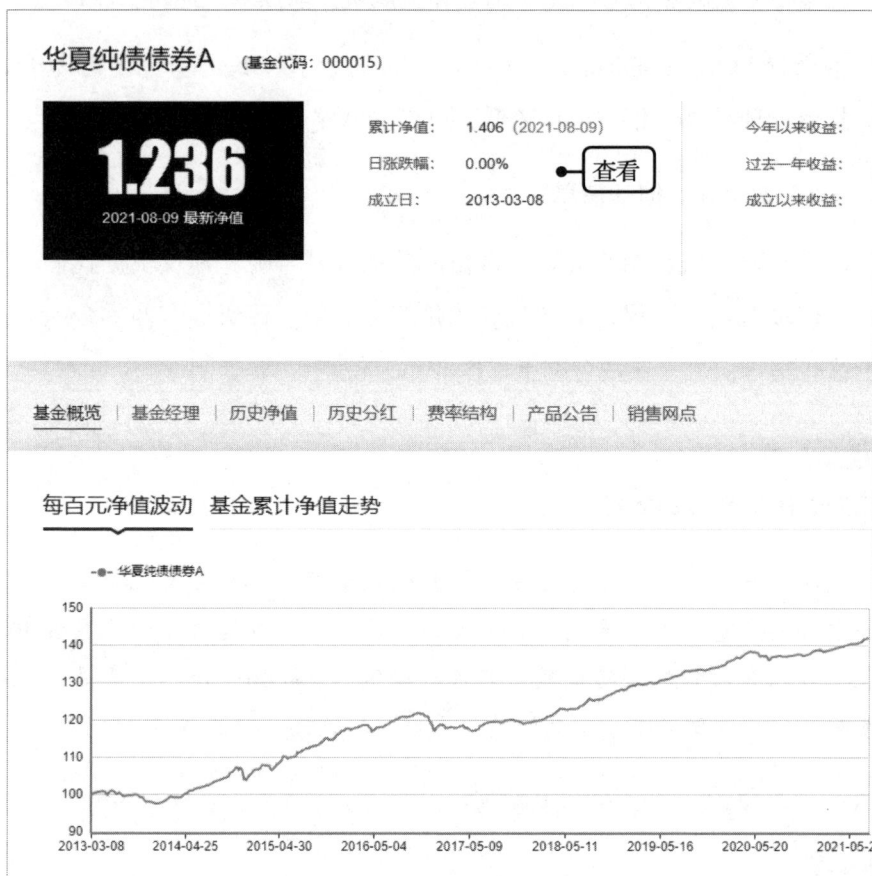

图 4-23 查看基金概况信息

第5章

薪水以小博大冒险投资法

初入职场的年轻人，薪水不高，盈余不多，大部分人都首选收益相对稳定的投资方式进行理财，但毫无疑问，这种方式获得的收益相对较低，因为风险与收益一定是成正比的。其实，除了低风险的投资方式，我们还有一种选择——炒股。这种方式相对冒险，具有一定的风险，但只要掌握方法，学会聪明地炒股，大胆搏一搏也能获得不错的收益。

5.1 股市轻松投资入门

随着财富的不断积累，越来越多的年轻人都不甘于细水长流的财富累积方式，相对冒进的年轻人都想到股市搏一搏，通过薪水以小博大，累积更多的财富。对于聪明人而言，任何投资都不会盲目进行，只有充分了解这种投资方式的全貌，做到心中有数，才能为投资成功增加一层保障。

5.1.1 入市常识轻打开

炒股是具有一定知识门槛的投资渠道，对于股票投资小白来说，要想更加稳定地利用薪水来炒股获益，就必须要了解一些基本常识，为股市投资奠定基础。

（1）到底什么是股票

股票到底是什么?

其定义阐述：股票（Stock）是股份公司所有权的一部分，也是发行的所有权凭证，是股份公司为筹集资金而发行给各个股东作为持股凭证并借以取得股息和红利的一种有价证券。

按以前老百姓的说法，股票就是一张资本选票，只有持有选票才能在股市炒股。但是随着科技的发展，它变成了存储在证券交易中心的电脑中的一种数据，其本身并没有任何价值，但是它具有流通性、收益性、参与性、不可偿还性以及价格波动性和风险性等特性，具体表述如表5-1所示。

表5-1　股票的特性

特　　性	具体表述
流通性	股票作为一种有价证券，既可以在市场上买卖、转让，也可以继承、抵押，因此股票具有流通性，吸引投资者不断地进行交易，使股票价格在交易过程中发生变动，并带动投资者的资金流动，从而实现社会资源优化配置的效果。流通性越强的股票，其收益越可观，交易的频率也越高

续表

特　　性	具体表述
收益性	作为一种有偿投资，股票持有者有权从股份公司获取投资回报，其收益的多少取决于投资者的成本、股份公司的盈利水平和盈利的分配政策。另外，投资者还可以通过转让股票从中获取差价，实现投资金额保值增值，以此方式来体现股票的收益性
参与性	投资者在买入某公司的股票后就成为该公司的利益相关者，只要数量达到一定限额，就可以股东身份参与公司股东大会。股票的参与性具体表现在：①股票持有者有权出席股份有限公司的股东会议，或参与公司的重大经营决策。②股票持有者具有参与公司盈利分配的权利。③公司遇到重大危机而解散或破产时，股东要按持有股份的比例对债权人承担清偿责任
不可偿还性	股票是一种无限期的长期投资，向股份公司购买股票后，只要该公司依然存在，任何股票投资者都不能要求退股并返还资金。如果需要取回资金，可以在证券交易市场将股票转让给第三方。股票的转让只代表持有该股票的股东身份的转移，而对股份公司的资本并没有直接的影响
价格波动性和风险性	任何投资都存在着风险。股票作为在市场中流通的交易对象，与一般商品相似，股票的价格也会随着供求关系的变化而上下波动，其供求关系受到市场行情、公司经营状况和政策等因素影响。股票投资的风险正是来源于股票价格波动的不确定性，价格波动的不确定性越大，投资的风险性就越高

（2）细说股票类型有哪些

无论是听股评，还是听身边人谈论股市，我们经常会听到这样一些话：

"A 股市场行情又上来了。"

"为何今天 B 股会小幅收跌？"

"热门股成为广大散户重点追逐的方向。"

"这只垃圾股，真的把我坑惨了。"

……

什么是 A 股？什么是 B 股？什么是热门股？什么是垃圾股？

作为一个股票投资新手，为了更好地指导自己选择合适的股票，股票的类型是必须要了解的。关于股票的种类，根据不同的划分依据可以划分为不同的种类。具体如表 5-2 所示。

表 5-2　股票的类型

划分依据	类　　型	具体表述
按股东对公司资产、利润的分配顺序划分	普通股	普通股即大众投资者所购买的股票，它是股份有限公司最基本的一种股份，也是风险最大的一种股票。普通股股东所享有的权利有以下四个： ①认股优先权。若股份有限公司增发普通股股票，原持有普通股的股东有权优先认购新发行的股票。 ②经营参与权。普通股股东有权参与公司的经营管理，具有投票表决的权利。 ③收益分配权。普通股股东有权凭其所持有的股份参与公司的盈利分配，但盈利分配顺序后于优先股股东。 ④剩余资产分配权。当公司破产时，在其清偿债务和分配给优先股股东之后，普通股股东可分配剩余的资产
	优先股	优先股是由于股份有限公司有一定特殊需求而向特定对象发行的股票，通常会在票面上添加"优先股"字样的标注。相比于普通股，优先股具有以下三个特点： ①可约定股息率。优先股股东可事先确定固定的股息率，其收益与公司经营状况无关。而且其收益比普通股更高。 ②部分权力受限。优先股股东无权干涉公司的任何决策，也无投票表决权，且优先股一般不能上市交易。 ③风险性更小。股份公司破产清算时，当偿还债务后，优先股股东可先于普通股股东分配剩余资产
按照股票的发行地点不同划分（只列举部分常见类型）	A 股	A 股的正式名称是人民币普通股票，是由我国境内的公司发行，供境内机构、组织或个人以人民币认购和交易的普通股股票
	B 股	B 股的正式名称是人民币特种股票，属于境内上市的外资股。它是以人民币标明面值，以外币认购，供境内外投资者买卖的股票

续表

划分依据	类　　型	具体表述
按公司业绩划分	绩优股	公司业绩良好，上市后净资产收益率连续 3 年显著超过 10% 的股票
	成长股	公司销售额和利润持续增长，且速度快于国家和本行业其他公司发行的股票
	垃圾股	与绩优股相对，指股票的发行公司业绩较差，公司净资产出现连续亏损的现象
按成交量划分	热门股	指那些关注度高、交易量大、流通性强且价格变动幅度较大的股票
	冷门股	与热门股相对，指那些关注人数少、交易量小甚至无交易、流通性差且价格变动幅度小的股票
	龙头股	通常指在某一时期内对同行业板块的其他股票具有影响力和号召力的股票

对于大部分的年轻人来说，一般情况下都是投资沪深股市的普通 A 股，因为其是以人民币计价、认购和交易的，相对来说比较方便。

（3）股票加上 ST 和 ★ST 到底何意

虽然年轻人有拼搏精神，什么都敢闯一闯，但在投资股票时，对于冠有 "ST" 和 "★ST" 的股票要保持警惕。

那么股票冠上 "ST" 和 "★ST" 字样到底是什么意思呢？

◆　ST 股

股票名称前面带 "ST" 标识的称为 ST 股。ST 是英文 Special Treatment（特别处理）的缩写，因此，ST 股也就是需要进行特别处理的股票。

通常，当上市公司财务状况出现以下几种异常情况后，会被冠为 ST 股。

①上市公司经审计连续两个会计年度的净利润均为负值。

②上市公司最近一个会计年度经审计每股净资产低于股票面值。

③注册会计师对最近一个年度的财产报告出具无法表示意见或否定意见的审计报告。

④最近一份经审计的财务报告对上年度利润进行调整，导致连续两个会计年度亏损。

⑤最近一个会计年度经审计的股东权益扣除有关部门不予确认的部分，低于注册资本。

⑥经交易所或证监会认定的财务状况异常情况。

◆ ★ST 股

★ST 相对于 ST 来说更应该引起投资者的重视，对于冠上 "★ST" 字样的股票，都表示该股有退市风险。通常，对于存在以下情况的 ST 股，都会被标识为 ★ST 股。

①最近两年年度报告披露显示当年净利润为亏损。

②财务会计报告因存在重大会计差错或虚假记载，公司主动更改或被中国证监会责令改正，对以前年度财务会计报告进行追溯调整，导致最近两年亏损。

③财务会计报告因存在重大会计差错或虚假记载，中国证监会责令其改正，在规定期限内未对虚假财务会计报告进行改正的。

④最近一个会计年度经审计的股东权益扣除注册会计师、有关部门不予确认的部分，低于注册资本。

⑤最近一份经审计的财务报告对上年度利润进行调整，导致连续两个会计年度亏损。

⑥经交易所或中国证监会认定为财务状况异常的。

虽然有时候 ST 股或者 ★ST 股可能会走出惊人的暴涨走势，但是毕竟这两种类型的个股性质已经界定为有异常状况了，因此，对于收入不高的工薪族来说，最好还是不要参与，安全投资最重要。

理财实例

盲目追涨 ST 股被套

图 5-1 所示为 ST 顺利（000606）2021 年 2 月至 5 月的 K 线走势。

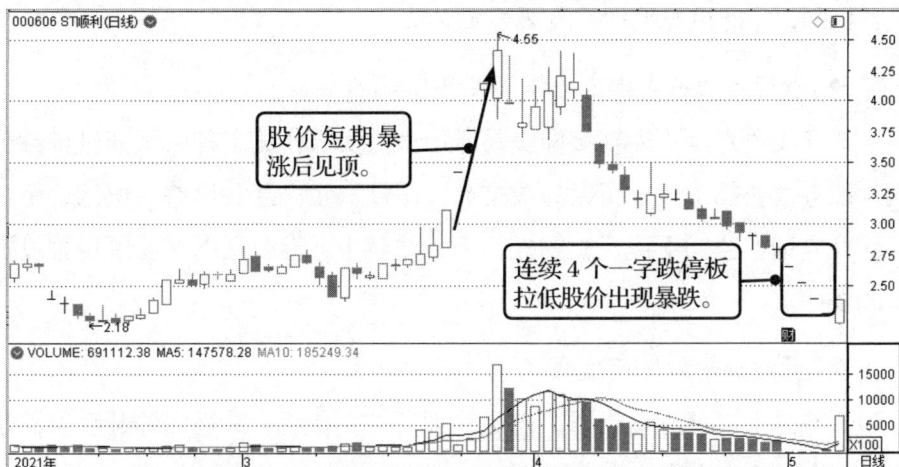

图 5-1　ST 顺利 2021 年 2 月至 5 月的 K 线走势

从图中可以看到，该股于 2021 年 2 月中旬在 2.18 元附近企稳后步入一波缓慢震荡拉升的行情，长达两个月左右时间股价上涨到 2.75 元附近。

但是，在 3 月下旬，该股连续一字涨停板出现暴涨行情，瞬间将股价拉升到 4.50 元价位线附近滞涨，对于盲目追涨的跟风者，通常都会认为上涨刚启动，此时的滞涨是回调介入的好时机。

殊不知此时行情已经发生转变，随之而来的是漫漫跌路，尤其在 5 月初，更是连续 4 个一字跌停板将股价迅速拉低到前期行情上涨启动价位线附近。

由此更说明了，这种特殊处理的个股出现的暴涨行情不要轻易参与，否则等待你的可能就是惨重的亏损，而不是颇丰的收益。

5.1.2 交易机制与规定心中记

"无规矩不成方圆"。任何金融投资活动，都有自己的一套交易运行机制和交易规则，熟记这些交易机制和交易规定，是每个年轻投资者在投资之前都必须要做好的基础准备。

（1）股市交易机制如何运转

股市交易机制是证券市场特定交易系统设计的基础，只有清楚交易的运行机制，才能更好地把握股票买卖交易。

◆ 投资者的买卖指令是如何实现的

普通投资者是不能直接向交易所申报买卖操作的，都必须通过证券公司（证券营业部）这个桥梁完成交易，即投资者先通过网络、电话、柜台等途径向证券公司下达买卖委托指令，然后由证券公司向交易所申报投资者的委托。

◆ 开盘价是如何产生的

无论是上海证券交易所，还是深圳证券交易所，其当天的开盘价都是通过集合竞价的方式产生。

所谓集合竞价即是将数笔委托报价或一个时段内的全部委托报价集中起来，根据不高于申买价格和不低于申卖价格的原则生成的一个成交价格，在竞价过程中，通过一次次地对委托买入价格和委托卖出价格进行配对，并将最后一次配对的成交价格确定为当日的开盘价。如果最后一次的委托买入价格和委托卖出价格不同，其成交价就为两者的平均值。

理财实例

模拟集合竞价产生开盘价的过程

为了简化理解，这里假设某股票 A 在开盘前分别有 5 笔买入委托和 4

笔卖出委托（实际的买卖委托单远比该数字大），依照价格优先原则，将买入价格从高到低和卖出价格从低到高的顺序进行排列，如表5-3所示。

表5-3　股票 A 当日开盘前的委托买卖单

序　号	委托买入价	数量（手）	序　　号	委托卖出价	数量（手）
1	10.50	5	1	10.20	6
2	10.44	4	2	10.38	10
3	10.38	9	3	10.40	5
4	10.33	7	4	10.42	1
5	10.25	8			

按照不高于申买价和不低于申卖价的原则，首先可成交序号为1的5手委托买入，即10.50元的买入委托和10.20元的卖出委托。如果要同时满足申买者和申卖者的意愿，那么成交价必须在10.20元和10.50元之间，但具体的价格要根据之后的成交价格来定。

在第1次的交易中，因为卖出委托的数量多于买入委托的数量，所以按照交易规则，序号1的买入委托5手全部成交，序号1的卖出委托还剩下1手。这笔委托成交之后其他委托排序如表5-4所示。

表5-4　第 1 次委托成交后剩下的其他委托

序　号	委托买入价	数量（手）	序　　号	委托卖出价	数量（手）
			1	10.20	
2	10.44	4	2	10.38	10
3	10.38	9	3	10.40	5
4	10.33	7	4	10.42	1
5	10.25	8			

系统继续进行竞价。此时序号2的买入委托价格10.44元，符合不高于10.50元的要求，数量为4手。在卖出委托中，序号1～2的委托数量有11手，

其价格也符合要求，可以成交。即第 2 次竞价时，序号 2 的 4 手委托买入全部成交，序号 1 的 1 手委托卖出全部成交，且序号 2 的委托卖出成交 3 手，还剩下 7 手。这笔委托成交之后其他委托排序如表 5-5 所示。

表 5-5　第 2 次委托成交后剩下的其他委托

序　号	委托买入价	数量（手）	序　号	委托卖出价	数量（手）
			2	10.38	7
3	10.38	9	3	10.40	5
4	10.33	7	4	10.42	1
5	10.25	8			

系统继续进行竞价。此时序号 3 的买入委托价格 10.38 元，符合不高于 10.50 元的要求，数量为 9 手。在卖出委托中，序号 2 的委托数量有 7 手，其价格也符合要求，可以成交，但是序号 3 和序号 4 的委托卖出价都高于委托买入价，因此序号 3 的委托买入数量只能成交 7 手，剩下 2 手不能成交。这笔委托成交之后其他委托排序如表 5-6 所示。

表 5-6　第 3 次委托成交后剩下的其他委托

序　号	委托买入价	数量（手）	序　号	委托卖出价	数量（手）
3	10.38	2	3	10.40	5
4	10.33	7	4	10.42	1
5	10.25	8			

完成以上 3 笔委托交易之后，因为最高买入价为 10.38 元，最低卖出价为 10.40 元，买入价与卖出价之间没有相交区间，所以最后一次的集合竞价就完成了，最后一笔的成交价为集合竞价的平均价格，余下的其他委托将自动进入开盘后的连续竞价。

在这次集合竞价中，3 笔委托一共成交了 16 手，成交价格为 10.38 元，按照规定，这次成交不管是买入还是卖出，其成交的价格都定为 10.38 元，交易所发布股票 A 的开盘价为 10.38 元。

理财贴士 *委托的时效与时间*

　　一般情况下，委托指令的时效为当日有效，即自委托之时起到当日交易所收盘时为止有效，收盘后自动失效（也有多日有效，这必须事先向证券公司约定）。

　　委托下达的时间必须在交易时间段内才有效，按照上海证券交易所和深圳证券交易所的规定，交易日为每周的周一至周五，如果遇到国家法定假日或交易所公告的休市日，交易所将会休市不交易。在交易日内，不同交易所的交易时间也有不同，具体如表 5-7 所示。

表 5-7　委托时间说明

交 易 所	委托时间
上海证券交易所	每个交易日的 9:15 ～ 9:25、9:30 ～ 11:30、13:00 ～ 15:00 为申报时间。每个交易日的 9:20 ～ 9:25 为开盘集合竞价阶段，该阶段中交易主机不接受撤单申报
深圳证券交易所	每个交易日的 9:15 ～ 11:30、13:00 ～ 15:00 为申报时间，每个交易日的 9:20 ～ 9:25、14:57 ～ 15:00 不接受撤单申报。另外，每个交易日的 9:25 ～ 9:30 交易主机只接受申报，不对买卖申报或撤单做出处理

　　◆　盘中成交价是如何产生的

　　在股市中，交易的委托指令可以在交易日的多个时间段下达。此时可能有些小伙伴就会问了："如果我是在开盘后的交易时间内下达的委托指令，此时又该以什么价格成交呢？"

　　此时又有另一套竞价机制——连续竞价。

　　连续竞价是指电脑交易系统对证券营业部提交的买卖申报采取逐笔连续撮合的竞价方式生成成交价，当一笔委托指令进入交易所的自动撮合系统后，系统即可对该指令进行不同处理：能成交则成交，不能成交则等待成交，部分成交的剩余部分则继续等待。

在连续竞价时，成交价的确定也有一定的原则。

①最高买入申报和最低卖出申报价格相同，则以该价格成交。

②买入申报价格高于即时的最低卖出申报价格，则以即时的最低卖出申报价格为成交价。

③卖出申报价格低于即时的最高买入申报价格时，则以即时的最高买入申报价格为成交价。

可以看出，连续竞价的成交方式与集合竞价有很大的区别，连续竞价遵循"价格优先，时间优先"的基本原则，一对一地成交。

（2）股市交易要遵循的交易规定有哪些

在股市中，要想确保交易正常进行，都必须依托一定的交易原则和交易制度。下面继续来看看，在股市交易过程中，还需要遵循哪些交易原则（如表 5-8 所示）和交易制度（如表 5-9 所示）。只有清楚这些规定，才能对我们的买卖操作起到指导作用。

表 5-8　股市交易要遵循的交易原则（列举部分常见原则）

原　　则	具体说明
委托原则	①买入委托必须为整百股（配股除外）。 ②卖出委托可以为零股，但如为零股必须一次性卖出。 ③股票停盘期间委托无效。 ④买入委托不是整百股（配股除外）委托无效。 ⑤委托价格超出涨跌幅限制委托无效
证券清算交割原则	证券清算交割原则具体包括以下两个原则： ①净额交收原则。又称差额清算，指在清算期中对每个证券经营机构价款的清算只计其各笔应收应付款项相抵后的净额； ②钱货两清原则。又称款券两讫、货银对付，指在办理资金交割的同时完成证券的交割，这是清算交割业务的基本原则

表 5-9　股市交易要遵循的交易制度（列举部分常见制度）

制　　度	具体说明
"T+1"交易制度	T+1 交易制度是指投资者当天买入的股票当天无法卖出，只能等到下一交易日才可以卖出。目前，我国 A 股与 B 股市场都在实行这种交易制度，它可以很好地遏制投机行为，有助于稳定股市
涨跌停板制度	涨跌停板制度主要是为了防止交易价格的暴涨暴跌，抑制过度投机现象，对每只股票当天价格的涨跌幅度予以适当限制的一种交易制度。一般股票和特别处理股票的涨跌停板要求不同。 ①一般股票。每日的涨跌幅限制为前一交易日收盘价的 10%（创业板为 20%） ②特别处理股票。由于 ST 股和 *ST 股的风险较大，为了降低风险，设置该类股票当日的涨跌幅为前一交易日收盘价的 5%
熔断机制	熔断机制（Circuit Breaker），也叫自动停盘机制，是指当股指波幅达到规定的熔断点时，交易所为控制风险采取的暂停交易措施

5.1.3　常用术语简单记

由于股市投资专业性较强，因此不可避免会存在一些专业术语。对于一些常用术语，理财者要理解并牢记，这样有助于我们更好地运用这个投资工具，把握好股市行情，最终做出正确的理财决策。表 5-10 按类别列举了一些常见的股市术语，供新手理财者学习。

表 5-10　股市中的各类术语

类　别	术　语	具体阐述
股价术语	最低价	指股票当天成交的最低价格
	最高价	指股票当天成交的最高价格
	涨停价	涨停板的市价为涨停价
	跌停价	跌停板的市价为跌停价
	票面价	指公司最初所定的股票票面值

续表

类 别	术 语	具体阐述
股价术语	天价	指个股或股指由多头市场转为空头市场的最高价，或历史最高价
	填空	指将跳空出现时没有交易的空价位补回来，以填补跳空价位
	铁底	指股价绝对不可能跌破的底部价位
	头部	指股价上涨至某个价位时遇阻力而下滑
	突破	指股价经过一段盘档时间后，产生的价格波动
股票发行术语	股票发行	指符合条件的发行人依照法定程序向投资者募集股份的行为
	路演	指上市公司发行股票时，公司领导和股票承销商向股民介绍公司情况，接受股民的咨询等。现在一般通过网络进行
	发行费用	指发行公司在筹备和发行股票过程中产生的费用，包括中介机构费、上网费和其他费用，该费用可以在股票发行溢价收入中扣除
	溢价发行	溢价发行有两种情况，一是指新上市的公司以高于面值的价格办理公开发行，二是已上市的公司以高于面值的价格办理现金增资
	中间价发行	指股票以时价和面值的中间价格作为发行价格
	摘牌	也称揭牌，指上市公司因长期亏损，扭亏无望或者其他原因而被取消上市交易资格
股市术语	多头市场	也称牛市，主要指股票价格普遍上涨的市场
	空头市场	也称熊市，主要指股价长期呈下降趋势的市场，熊市中，股价的变动情况是大跌小涨
	三板市场	三板市场的全称是"代办股份转让系统"，于 2001 年 7 月 16 日正式开办，是证券公司以其自有或租用的业务设施，为非上市股份公司提供股份转让服务
	猴市、鹿市和牛皮市	大幅震荡的股市称为猴市；平缓行情的股市称为鹿市；走势波动小，陷入盘整，成交量低的股市称为牛皮市
	交割单	由证券公司出具的买卖委托记录
	价位	指股票报价的升降单位，我国 A 股的价位是 0.01 元

续表

类　别	术　语	具体阐述
股市参与者术语	看空	某股股价下跌，投资者看坏大盘或股市行情
	看多	某股股价上涨，投资者看好大盘或股市行情
	空头	指现时股价虽然较高，但是对股市未来不看好，预计股价将会下跌，趁高价时卖出股票的投资者
	多头	指现时股价虽然较低，但是对股市未来看好，预计股价将会上涨，趁低价时买进股票的投资者
	散户	指股市上的小额投资者
	庄家	庄家和散户是一个相对概念，通常是指持有大量流通股的股东
	主力	主力是持股数较多的机构或大户，主力不一定都是庄家，庄家可操控一只股票的价格，而主力只能短期影响股价的波动

5.1.4　炒股手续费算一算

在日常生活中，跨行转账有手续费，买房会涉及契税、印花税等税费。炒股也会涉及各种费用，聪明的投资者要学会炒股手续费的计算，这样才能更准确地计算收益。

目前，在股票交易中需要缴纳的费用包括印花税、过户费、佣金等税费和手续费。不同的证券交易所、不同的证券，其收取的费用不同。以沪深股市的 A 股为例，其涉及的各项费用标准如表 5-11 所示。

表 5-11　沪深股市的 A 股收费标准

交易所	开户费	佣　金	过　户　费	印　花　税
沪市	40 元	不超过成交金额的 0.3%，起点 5 元	按成交金额的十万分之二收取，即成交金额的 0.002%	成交金额的 0.1%（出让方单边缴纳）
深市	50 元		—	

理财实例

手动计算何先生买卖股票的手续费

2021 年 5 月 11 日，何先生以 7.82 元买入 10 000 股湘财股份（600095），在 2021 年 5 月 20 日以 11.88 元全部卖出，下面来计算一下何先生在此次投资过程中涉及的买入和卖出手续费。

①买入手续费计算。

买入成交金额：7.82×10 000 = 78 200（元）

佣金：78 200×0.3% = 234.60（元）

过户费：78 200×0.002% = 1.56（元）

印花税：买入股票时为受让方，不缴纳印花税。

买入手续费合计：234.60+1.56 = 236.16（元）

②卖出手续费计算。

卖出成交金额：11.88×10 000 = 118 800（元）

佣金：118 800×0.3% = 356.40（元）

过户费：118 800×0.002% = 2.38（元）

印花税：118 800×0.1% = 118.80（元）

卖出手续费合计：356.40+2.38+118.80 = 477.58（元）

5.1.5 新手开户有技巧

银行储蓄需要储蓄账户，购买基金需要基金账户，同样，炒股也需要有股票账户。开户的方式有很多种，如线下自己办理开户、线下找代理开户，或者利用网络线上开户。对大部分年轻人来说，为了省事儿、方便，都会选择通过网络线上开户。但是在这之前需要准备本人有效二代身份证原件和本人银行储蓄卡。

下面就来看看，作为一个理财新手，如何利用手机在网上完成股票开户这件事儿。

理财实例

用手机轻松完成股票账户开立

本例以在同花顺 App 上开立账户为例（投资者也可以直接下载并安装券商的 App 程序，进行直接开户）。首先进入同花顺炒股软件主界面，点击"股票开户"按钮，如图 5-2 所示。

在进入到的界面中列举了许多优选券商，选择一家券商，点击对应的"开户"按钮，这里点击"华西证券"券商右侧对应的"开户"按钮，如图 5-3 所示。

图 5-2　点击"股票开户"按钮

图 5-3　选择券商

程序自动跳转到第三方服务界面，这里直接跳转到华西证券开户界面，在其中按照要求输入手机号码、验证码，认真阅读《用户协议》《免责声明》和《隐私协议》文档，选中我已阅读并同意签署对应的复选框，点击"确定"按钮，如图 5-4 所示。

在打开的界面中要求上传身份证的正反面照片，按照要求上传身份证照片，程序自动提取身份证照片中的信息进行填列，完成后点击"下一步"按钮，如图 5-5 所示。

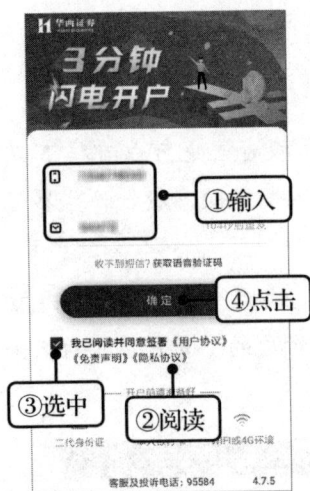

图 5-4　手机号验证并阅读协议

图 5-5　进行身份认证

程序自动进入到补充资料界面，在其中完善个人学历、职业、联系地址、邮编、账户情况、诚信记录以及税收身份信息的填写和确认，点击"下一步"按钮，如图 5-6 所示。

在进入到的选择开通账户界面中，用户根据实际情况选择账户，对于新用户而言，保持默认选项，点击"确认开户"按钮即可，如图 5-7 所示。

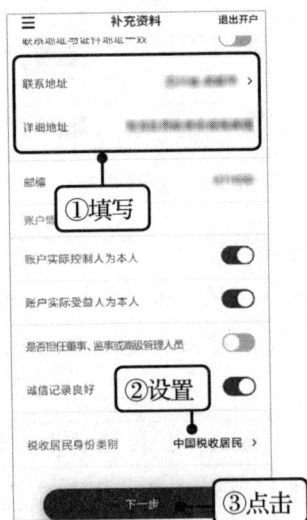

图 5-6　补充资料

图 5-7　选择账户并确认开户

之后，程序会进入到三方存管界面，在其中完成银行卡的绑定，依据开户向导提示继续完成设置交易密码、风险测评、视频认证等操作后即可提交开户申请。最后，证券公司审核通过并对开户人回访成功后，即可成功开户。

5.2 聪明人炒股必修课

炒股就是通过在股市买入与卖出股票赚取股价差额而获取利润。有的人操作得好，可能赚得多；有的人操作一般，可能就赚得少或者不亏损；但是大部分炒股的人，尤其对于新手而言，都会交一段时间的"学费"，才能提升操作技术。

如何才能少交学费、少亏损呢？这就要学会聪明的投资，掌握一些炒股的关键技能。

5.2.1 牛市与熊市，区别真的有点大

在前面的股市术语中，我们对牛市和熊市的基本定义进行了简单介绍。在股市混迹的人，如果不懂得区别牛市与熊市，那就等于盲人走路，分不清东南西北。在股市中找不准方向，又如何赚钱呢？

那么，牛市和熊市究竟有什么特性呢？在牛市和熊市，我们应该如何操作呢？下面就来理一理。

（1）牛市的行情特点和操作特点

股市行情看涨、前景乐观的市场我们称之为牛市，其最大的特点就是买什么涨什么，因为在牛市的过程中市场由多头控制，多方力量强大到可以不断拉动股价上涨。

图 5-8 所示为上证指数（000001）2005 年 11 月至 2007 年 10 月的 K
线走势。这是中国股市上一波比较典型的牛市行情，指数从 1 000 点左右
最高上涨到 6 124.04 点，涨幅超过 600%。在这样的大行情下，投资者赚钱
的机会都很大。

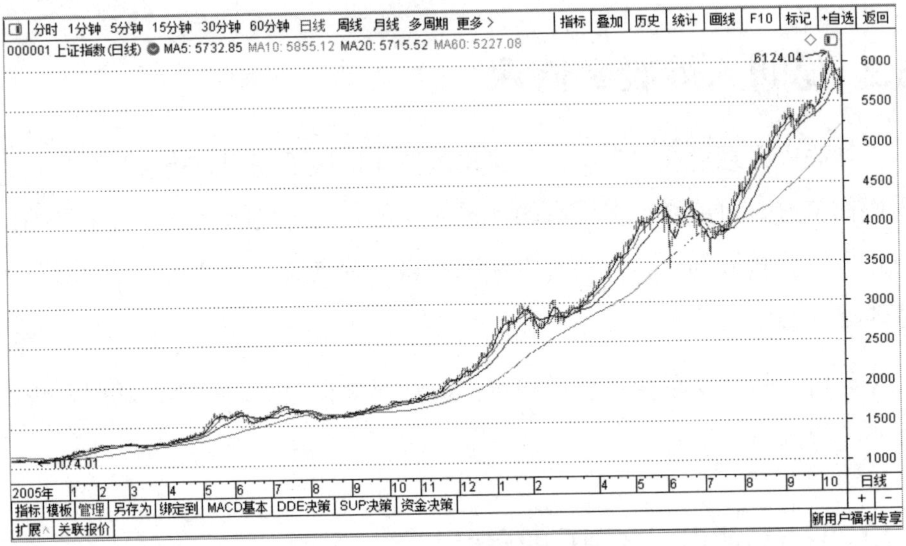

图 5-8　牛市行情

在牛市中，大部分股票都出现了规模化的上涨，而且涨幅都是原来的
1 ~ 2.5 倍，大牛市更是一波接着一波的大涨。虽然在阶段性牛市中一些行
业会出现急速上涨，而一些行业会出现滞涨，但只要是处于牛市中，就必
然会有机会上涨。

在牛市中也要注意防范风险，这里的风险主要指追涨的风险，尤其是
对涨幅巨大的个股在高位追涨，容易被套牢。一旦套牢又不及时止损的话，
则会在个股的反复下跌中既损失金钱，又损失时间。

因此，牛市中关注强势股尽管是一种快速获利的方法，但如果过分追
高则不适合，在操作上应回避高位追涨。

（2）熊市的行情特点和操作特点

花无百日红，股市行情也一样，有涨就有跌。对于股市行情看跌、前景不景气的市场我们称之为熊市。它最显著的特征就是行情普跌、深度调整，自由落体运动似的下跌占据了大半江山。

虽然大家都不希望看见熊市，但股市偏偏就是"牛少熊多"，它的出现是经济增长规律的客观反应，经济有起有落，股价也有升有降。

图 5-9 所示为上证指数（000001）2007 年 10 月至 2009 年 1 月的 K 线走势。这是中国股市上跌势比较凶猛的一波熊市行情，指数从 6 124.04 点下跌到最低的 1 664.93 点仅仅用了一年多的时间。

图 5-9　熊市行情

在这样的大行情下，投资者赚钱的机会就很渺茫了。尤其对于新手投资者而言，最好就不要去参与这样的行情了。此时远离熊市，锁定资金才是投资的上上策。

5.2.2 读懂盘口，熟记七个知识点

看盘是每个炒股的人必须要学会的一门基础课程。通过看懂盘面信息来帮助我们选出理想的目标股，找准最佳的买卖点，让自己在股市博弈的道路上有更多的胜算。

首先来看一张个股的盘面图，如图 5-10 所示。

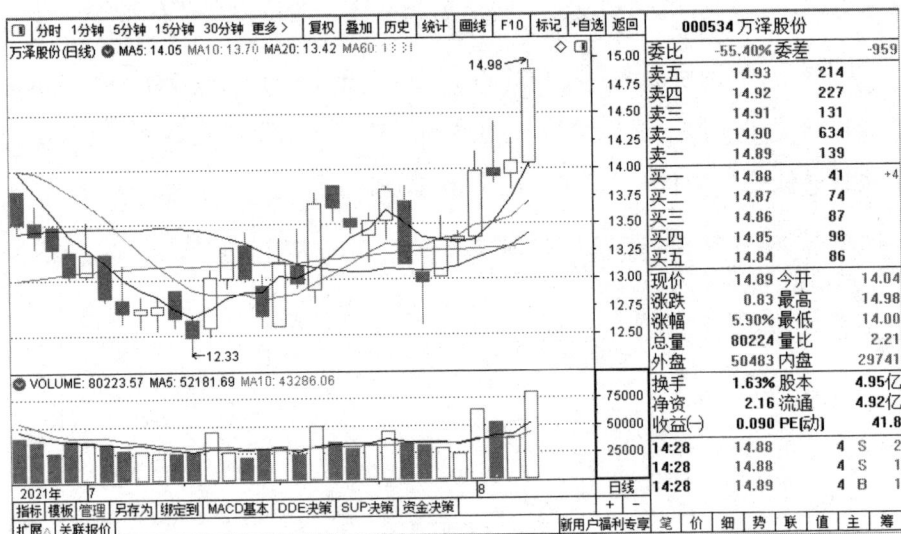

图 5-10　个股盘面

在如上的盘面中，右侧的小窗口就是盘口，虽然占据的版面不大，但是带给我们的信息却十分多，如开盘价、现价、涨跌、最高价、最低价等。除了这些基本盘口信息以外，还有其他更有参考价值的语言，如买盘、卖盘、委比、委差、内盘与外盘、量比、换手率等。

对于炒股新人来说，以下七个更具意义的盘口语言必须要熟记。

◆ 买盘

买盘包括"买一、买二、买三、买四、买五"五个委托买入价格，其中买一为当前的最高申买价格，如图 5-11 所示。

◆ 卖盘

卖盘包括"卖一、卖二、卖三、卖四、卖五"五个委托卖出价格，其中卖一为当前的最低申卖价格，如图 5-12 所示。

委买价格	委托数量
买一	14.87	16	+1
买二	14.86	216	
买三	14.85	113	
买四	14.83	23	
买五	14.82	67	

图 5-11 委买盘口

委卖价格	委托数量
卖五	14.92	237	
卖四	14.91	201	-69
卖三	14.90	394	
卖二	14.89	10	
卖一	14.88	442	

图 5-12 委卖盘口

◆ 委比

委比用于衡量某一时段买卖盘的相对强度，其取值范围为 −100% ~ 100%，计算公式为：委比 =（委买手数−委卖手数）/（委买手数＋委卖手数）× 100%。

当委比值为负时，说明卖盘比买盘大，若委比值为 −100%，表示只有卖盘，说明市场的抛盘非常大，个股当日处于跌停状态，如图 5-13 所示；当委比值为正时，说明买盘比卖盘大，若委比值为 +100%，表示只有买盘，说明市场的买盘非常有力，个股当日处于涨停状态，如图 5-14 所示。

图 5-13 跌停委托盘　　图 5-14 涨停委托盘

◆ 委差

委差是委买委卖的差值，其具体的计算公式为：委差 = 委买手数—委卖手数。当委差为正，表明买盘踊跃，价格上升的可能性越大；反之，说明卖盘较多，股价下降的可能性较大。

在计算委比委差时，其中的委买手数和委卖手数分别对应委买盘口和委卖盘口的委托数量总和，即委买手数是指当前买盘中的五个委托数量的总数；委卖手数是指当前卖盘中的五个委托数量的总数。

◆ 内盘与外盘

内盘又称主动性卖盘，是以买入价格成交的数量，代表市场中主动卖出的力量。外盘又称主动性买盘，是以卖出价格成交的数量，代表市场中主动买入的力量。

根据内盘和外盘的大小，我们可以大体判断出当前买卖力量的强弱。通常而言，当外盘数量大于内盘数量，则表示买方力量较强；若内盘数量大于外盘数量，则说明卖方力量较强。

但是这种情况不是绝对的，对于某些涨停盘而言，当日内盘远远大于外盘，其反映的是买方活跃，后市看涨。对于某些跌停盘而言，当日外盘远远大于内盘，其反映的是卖方活跃，后市看跌。

◆ 量比

量比是指股市开市后平均每分钟的成交量与过去五个交易日平均每分钟成交量之比。其计算公式为：量比 =（现成交总手数 / 现累计开市时间）/ 过去 5 日平均每分钟成交量（注：开市时间为分）。

由公式可知，量比与成交量之间有密切关系。通常而言，当量比小于 1 时，表示交易冷清；当量比大于 1 时，表示股价近期交易较为活跃，投资者可以持股；当量比大于 5 时，反映的是市场过度活跃，投资者要警惕行情转跌的风险。

◆ 换手率

换手率是指某一时期内成交量与发行总股数的比值，又称"周转率"。它反映了某一时间段股票成交的活跃程度。若换手率较低，则表明股票买卖转手频率低，市场交投不活跃，属于冷门股；如果换手率较高，则表明股票买卖转手频率高，市场交投活跃，属于热门股。

5.2.3 选股技巧，打包带走

对于普通的炒股年轻人来说，很少有证券投资科班出身的，这类投资者由于缺乏系统的专业知识，以及匮乏的投资经验，相比于老股民而言，选择一只优质的目标股对他们来说就非常困难了。但是选对股票又是投资成功的关键一环。那么作为新人应该如何选股呢？

◆ 从行业面选股

从股票所在行业来确定投资的目标股是炒股小白最容易上手的一种方法。在选择行业时，可从产品、需求、生产、发展阶段等去考虑，简单说明如表 5-12 所示，仅供参考。

表 5-12　从行业选择股票需要考虑的方面

考虑的方面	具体说明
从产品形态考虑	从产品形态考虑主要是分析产品是属于生产类还是消费类，通常生产类产品受经济环境影响较大，当经济好转时，生产类产品的增长则快于消费类产品；而对于消费类产品，还需要细分产品是属于必需品还是奢侈品，不同的产品性质、市场需求、公司经营等对股价变动影响不同
从市场需求考虑	市场需求与公司的销售、营业收入、利润等息息相关，需求的变动会带来股价的上升或下降
从生产方式考虑	现在产品生产有劳动密集型、资本密集型、知识密集型等多种方式，不同的生产形态下的生产率和竞争力不同，企业效益也不同，这也会对企业的股票价格产生一定的影响

考虑的方面	具体说明
从行业发展阶段考虑	在行业的不同发展阶段，股价变化不同。行业从初创到发展期，技术不断进步，利润可观，股价起伏较大；而在行业的扩张期，经营相对稳定，股价相对稳定；在行业衰退到停滞这段时期，市场相对饱和，行业规模受限，股价可能会出现下跌，有的公司也会被淘汰，此时入市该类行业要谨慎

◆ 从公司面选股

在选择公司的股票时，我们要了解公司的历史背景、发展前景、管理水平、产品研发、产品品牌、成长性、生产及经营能力等，从这些方面来综合判断一个公司的业绩好坏，衡量该公司的股票是否值得选择。

只有公司基本面表现较好的个股，才是值得投资的。公司基本面良好的个股具有如下的特征。

①公司的股价正处于上升趋势中。

②公司的盈利能力高于行业平均水平。

③公司过去的业绩具有持续性的增长特征，并且经评估，未来业绩仍具有一定的增长性，盈利面较大。

④公司的估值相对于同行更合理。

⑤公司具有一定的偿债能力。

◆ 从消息面选股

个股消息会在一定程度上影响理财者的投资策略，当个股出现重大利好消息时，会吸引理财者入市，股价在短期内可能会出现看涨的行情，这样的个股是值得投资的。但这里就要求我们能够辨别消息的真伪，真的消息能够刺激股价上涨，而假的消息则是迷惑散户的一种手段，一旦没有辨别清楚，盲目依据消息而选择投资某只股票，被套的风险是很大的。

◆ 从技术面选股

在股市投资中，不乏各种炒股技术，我们可以运用炒股技术进行技术分析，从而选择出可供投资的股票。

由于炒股技术中的各种技术指标主要由股价、成交量或涨跌指数等数据计算而来，有些具有滞后性，而且技术指标刻画出来的图像容易被庄家利用，从而制造出各种陷阱。因此，要从技术面来选择投资的股票，一定要结合多种指标进行综合判断，切记单一使用，或过度依赖技术指标来指导操作。

5.2.4 K 线结构，要会看

"今天大盘以 3 466.55 点收出一根带长上影线的小阳线。"

"中国宝安今天高开高走收出一根跳空涨停阳线。"

"长春高新今天开盘后一路走低，最终以 3.32% 的跌幅阴线报收。"

……

"阳线""阴线"这是股市中经常会听到的名词，它们是 K 线的不同类型，那么，什么是 K 线呢？

K 线最早源于日本的米市，当时被用来记录米市行情的变动情况，后来被引入股市，用于描述个股当日开盘价、收盘价、最高价和最低价。

K 线由实体和上下影线组成，而实体分为阳线实体和阴线实体，表示股价从开盘至收盘的价位变化，上下影线分别代表交易日中个股的最高价和最低价。其中，根据开盘价和收盘价的大小关系，可以将 K 线分为阳线、阴线和十字线。

◆ **阳线：** 在某个统计周期内，收盘价高于开盘价的 K 线称为阳线，这种 K 线的出现说明在此时间周期内，股价呈现上涨状态。通常阳线为红色，如 5-15 左图所示。

◆ **阴线：** 在某个统计周期内，开盘价高于收盘价的 K 线称为阴线，这种 K 线的出现说明在此时间周期内，股价呈现下跌状态。阴线常为绿色，如 5-15 中图所示。

◆ **十字线：** 在某个统计周期内，开盘价等于收盘价的 K 线称为十字线，形态成"十"字，如 5-15 右图所示。

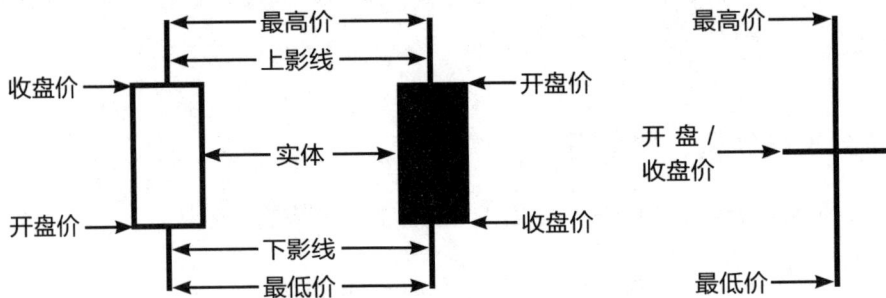

图 5-15　K 线的阳线（左）、阴线（中）和十字线（右）

5.2.5 买卖时机，简单快速找

所有投资股市的人，都想买在最低点、卖在最高点。但是，在这个复杂又多变的股市中，能够准确把握最佳买卖时机的人少之又少。作为理财新手，我们可以借助前辈总结出来的经验，辅助我们轻松、快速地找到买卖时机。

这里我们介绍几种简单、使用频率高、能够反映买卖时机的 K 线组合，供理财者学习。

（1）发出买入信号的 K 线组合

早晨之星、曙光初现、好友反攻、旭日东升、红三兵、上升三部曲都

是看涨 K 线组合, 发出买入股票的信号, 各组合的形态及具体介绍如表 5-13
所示。

表 5-13　看涨 K 线组合

组合名称	组合形态	具体介绍
早晨之星		早晨之星也常常被称为启明星或希望之星, 由 3 根 K 线组成, 第一根是继续下跌的阴线, 第二根是向下跳空低开的十字星线或小 K 线, 第三根为长阳线, 且其收盘价深入第一根阴线的实体内, 深入阴线实体的部分越多, 股价见底反转回升的信号就越强烈
曙光初现		曙光初现由两根 K 线组成, 第一根 K 线为下跌趋势中出现的中阴线或大阴线, 第二根 K 线为低开高走见底反弹的中阳线或大阳线, 且该阳线收盘价高于第一根阴线实体 1/2 以上的位置, 高出越多, 股价止跌回升的可能性就越大
好友反攻		好友反攻出现在下跌趋势中, 由一阴一阳两根 K 线组成, 第一根是大阴线, 接着跳空低开, 收出一根大阳线或中阳线, 阳线收盘价与前一根阴线收盘价相同或接近
旭日东升		旭日东升由两根 K 线组合而成, 第一根为中阴线或大阴线, 第二根为高开高走的中阳线或大阳线, 并且阳线的收盘价超过了前一根大阴线的开盘价。通常来说, 第二根实体越长, 成交量越大, 后市反弹的力度就越强
红三兵		红三兵由三根或三根以上连续上涨的阳线组合而成, 与阳线实体的大小和是否有上下影线均无关系, 这些阳线都是高开高走, 每天的收盘价是当天的最高价或接近最高价
上升三部曲		上升三部曲通常出现在上涨途中, 由大小不等的几根 K 线组成。标准形态的上升三部曲是由五根 K 线组成, 第一根和第五根 K 线形态为大阳线或中阳线, 中间有三根小阴线, 三根小阴线呈现向下的阶梯状, 但是都没有跌破第一根阳线的开盘价, 五根 K 线排列组成 "N" 字形

（2）发出卖出信号的 K 线组合

黄昏之星、乌云盖顶、大雨倾盆、黑三鸦、下降三部曲都是看跌K线组合，发出卖出股票的信号，各组合的形态及具体介绍如表 5-14 所示。

表 5-14　看跌 K 线组合

组合名称	组合形态	具体介绍
黄昏之星		黄昏之星由三根 K 线组合而成，在股价上涨到高价位区域后出现第一根大阳线或中阳线，次日股价波动形成一根小阳线或小阴线，第三日股价突然下跌拉出一根大阴线。黄昏之星出现在股价高位区域，表明股价即将或已经见顶，后市行情下跌程度较大
乌云盖顶		乌云盖顶又称乌云线，由两根 K 线组合而成，在行情运行到高位时出现第一根中阳线或大阳线，次日收出第二根高开低走的阴线，且阴线的收盘价低于第一根阳线实体的1/2 以下。低得越多，说明市况见顶回落的可能性越大
大雨倾盆		大雨倾盆是由一阴一阳的两根 K 线组成。股价经过较长时间的上涨，某一日仍然处于上升过程中的阳线创下新高，但第二日出现低开低走的中阴线或大阴线，并且第二根阴线的开盘价处于前一根阳线的实体内，收盘价又低于前一日阳线的开盘价，其后市下跌的可能性要高于乌云盖顶
黑三鸦		黑三鸦是指出现在上涨行情中的三根连续阴线，三根阴线均为低开低走，且最低价一根比一根低。在股价高位出现黑三鸦，是上涨行情中的见顶回落信号，后市股价反转下跌的可能性极大
下降三部曲		下降三部曲通常出现在下跌途中，由大小不等的几根 K 线组成。标准形态的下降三部曲是由五根 K 线组成，第一根和第五根 K 线形态为大阴线或中阴线，中间有三根小阳线，三根小阳线呈现向上的阶梯状，但是都没有突破第一根阴线的开盘价，五根 K 线排列组成倒"N"字形

5.3 掌握好方法，炒股更便捷

炒股是一项具备技术含量的投资活动，里面涉及的知识、技术、技巧非常多，对于新手理财者来说，不可能在短时间就形成一套适合自己的投资方法。

因此，更多的是去学习和吸收前辈总结下来的一些经典、实用的方法，这些方法可以帮助我们更加便捷地炒股。下面介绍几种比较典型的炒股技术和技巧，供大家学习和选择。

5.3.1 宏观基本面，学会聪明地用

前面在介绍个股选择时，其中，从行业面选股、从公司面选股和从消息面选股就是基本面的应用。

所谓基本面，即是指对宏观经济、行业和公司基本情况等的分析。在股市投资中，基本面分析是非常重要的前提。理财者通过基本面分析，不仅可以选出具有价值的优质股票，还可以用其指导之后的买卖操作。

下面来看看基本面中的宏观基本面如何影响股市。

宏观基本面主要分析当下我国宏观经济形势，通过对宏观经济指标、国家经济政策等宏观因素的分析，从大环境判断股票市场的走势。聪明地应用这些宏观因素，可以帮助我们更好地获利。

（1）宏观经济指标与股市的涨跌关系

宏观经济指标反映了经济运行情况，主要包括国内生产总值、利率、通货膨胀和通货紧缩等指标。下面具体介绍这些指标与股市涨跌之间的关系，详细内容如表 5-15 所示。

表 5-15　宏观经济指标与股市涨跌之间的关系

指　标	定　义	对股市的影响
国内生产总值	国内生产总值（GDP，即 Gross Domestic Product 的缩写）是指按国家市场价格计算的一个国家（或地区）所有常驻单位在一定时期内生产活动的最终成果	GDP 的升降与股价的变化正相关。 ① GDP 上升，说明整个市场经济繁荣，在这种情况下整个市场经济都比较活跃，投资者参与股市的激情也会高涨，促进整个股票市场价格上扬。 ② GDP 下滑，说明整个市场经济不景气，企业利润下降，投资者参与股市的激情不高，股市出现疲软，整个股市都会下滑
利率	又称利息率，是指借贷期内所形成的利息额与本金的比率	利率的升降与股价的变化呈反向关系。 ①利率上调，人们倾向于选择存款，流入股市的资金减少；另外，公司贷款成本大，影响公司扩大发展，盈利相对减少，致使股价出现下跌 ②利率下调，人们倾向于投资股市，流入股市的资金增加；另外，公司贷款成本小，可致力扩大发展，盈利相对增加，拉动股价出现上涨
通货膨胀	通货膨胀是指纸币的发行量超过流通中所需要的数量，从而引起纸币贬值、物价上涨的经济现象，其实质是社会总需求大于社会总供给	①通货膨胀在可容忍范围内持续，且当前经济景气，产量和就业率都增长，则股价也会随之增长。 ②严重的通货膨胀会导致货币快速贬值，投资者多转向保值的固定资产，资金流出股市，导致股价下跌。 ③通货膨胀初期，税收、负债和存货等效应都可能刺激股价上涨
通货紧缩	通货紧缩是指在经济相对萎缩时期，物价总水平较长时间持续下降，货币不断升值的经济现象，其实质是社会总需求持续小于社会总供给	通货紧缩是与通货膨胀相对的一个概念，它会损害投资者的积极性，不利于币值的稳定，也就必然会导致股票市场的萎靡

（2）国家经济政策与股市涨跌的关系

经济政策是国家或政府为了达到充分就业、价格水平稳定、经济快速增长和国际收支平衡等宏观经济政策的目标，为增进经济福利而制定的解决经济问题的指导原则和措施。

下面介绍一些常见经济政策对股市的影响，详细内容如表 5-16 所示。

表 5-16　国家经济政策与股市涨跌之间的关系

经济政策	对股市的影响
税收政策	税收具有强制性、无偿性和固定性的特征，是国家参与社会产品分配的重要形式，同时也是调控宏观经济的重要手段。税收的增减，会直接影响到企业和个人的收入，进而影响企业的股票价格以及投资者的参与情绪
发行国债	国债可以调节国民收入的使用结构和产业结构，通常用于国民经济发展薄弱的部门和瓶颈产业的发展。如果一段时间内，国债发行量大且有一定吸引力，就会导致股票市场部分资金流出，影响股价走势
财政补贴	我国的财政补贴主要包括价格补贴、企业亏损补贴、财政贴息和外贸补贴等，是国家为了某种特定需求，将一部分财政资金无偿补助给企业或居民的一种再分配形式，受补贴的企业会有更好的营利能力，其股价也会上涨
货币供应量	央行可以通过法定存款准备金率和再贴现政策来调整货币供应量，从而影响货币市场和资本市场的资金供求关系，进而影响股票市场
收入政策	收入政策也属于国家经济政策之一，它是国家为实现宏观调控总目标，针对居民收入水平高低、收入差距大小在分配方面制定的政策。当收入提高后，居民可自由支配的收入增长很快，就有越来越多的人进入股市，促使股市活跃，行情也越来越好
财政管理体制	财政管理体制是中央与地方各级政府之间，以及国家与企业事业单位之间资金管理权限和财力划分的一种根本制度，可以调节各地区、各部门之间的财力分配，这就间接影响到了受调节的企事业单位的股票发展

5.3.2　止损简单设，省钱又省时

止损从字面意思来理解就是停止损失。作为一个投资者，止损是非常重要的一个操作。

但是很多理财者，尤其是新手理财者，往往不重视止损，在股市操作

中总抱有侥幸心理。尤其是在刚刚入手某只股票不久就出现连续下跌时，理财者往往会认为股价跌下去会反弹上来，在侥幸心理作祟下，总想再等等、再看看，就这样慢慢磨，导致在亏损的道路上越走越远。

这和赌徒越赌越输、越输越赌的情况是一样的，最终面临的都是亏损。

由此可见，设置止损的确意义重大。

这里说的止损并不是让理财者在亏钱时如何亏得心安理得，而是教会理财者预见到更大的亏损风险，并及时截断亏损，保护资金免受冲击。

那么，应该怎么设置止损呢？这个没有固定的依据，不同理财者的风险承受能力不同，就会导致止损点的设置依据不同。作为普通的新手理财者，建议将止损位设置为投入资金的 5% ~ 8%，最多设置到 10%。

例如，如果投资的总金额为 10 000 元，当亏损达到 500 ~ 800 元，最多亏损到 1 000 元时，就应该立即止损。

止损位的设定也不是固定不变的，如果理财者买入股票后就出现亏损，则可以直接沿用上面的策略。如果理财者买入股票后出现上涨，此时的止损位也要随之变动。下面通过一个具体的案例来理解。

理财实例

动态设置股票止损点

张女士是一个炒股新手，假设其亏损承受力为投入资金的 6%，她在股价 10 元时买入一只股票，因此其股票止损点的价位为 9.40 元（10-10×6%）。

但是张女士在购入股票后，股价没有下跌，反而呈现出良好的上涨行情，此时张女士应该如何动态设置股票的止损点呢？

①购入后，股价不断上升，在股价上升到 11 元时，张女士有 10% 的收益。此时可以将止损点调整至 10.34 元（11-11×6%）。继续持有一段时间后，股价下跌，当跌至 10.34 元时及时清仓退场，虽然盈利不高，但没有亏损本金。

②购入后，股价不断上涨，当股票涨至 12 元时，张女士有 20% 的收益，此时可将止损点调至 11.28 元（12-12×6%）。当股价下跌至 11.28 元时，及时止损，清仓退场，张女士每股可获益 1.28 元。

……

如此类推，股价不断上涨，张女士不断动态上调止损点，就可以稳定获得收益，操作简单，也不会有太大的心理压力。

不管怎样操作，在股市中，千万不要和亏损"谈恋爱"，和它粘连越久，亏损可能会越多。要使用"止损"这把快刀，果断斩断牵连，才不至于亏损太多。

5.3.3 解套小妙招，关键是打开思路

没有人敢百分百保证自己不会因为一时失误而被套，当被套后，聪明的理财者是勇于直面失误，理性分析，找到正确的方法解套，这也是正确的处理被套的思路。下面介绍几种常见的解套思路。

◆ 向下差价法解套思路

向下差价法是在能够准确判断后市走势向下的情况下的解套方法。投资者在股价高位被套之后，股价下跌，等股价反弹到一定的高位时，可以先卖出，然后股价下跌至低位后再买回。通过反复的高卖低买来降低股票的成本，补回亏损，完成解套。

◆ 向上差价法解套思路

向上差价法是在能够准确判断后市走势向上的情况下的解套方法。投资者在股价高位处被套之后，股价下跌跌至某一低点买入股票，等到股票反弹到一定高度时再卖出，反弹高度不一定大于被套高度。如此反复操作多次，降低股票的成本，弥补亏损，完成解套。

◆ 换股法解套思路

如果投资者被套之后，该股死气沉沉交投不活跃，没有解套的机会。此时，投资者可以考虑选择一只与自己被套股价差不多的、有上涨希望的个股进行投资，让后面买入的股票上涨后的利润来抵消前面买入的股票因下跌而产生的亏损。

◆ 单日 T+0 解套思路

单日 T+0 解套是利用股价每天的波动变化来进行解套，例如今天开盘可以卖出 100 股，然后等股价下跌了再买进 100 股，如此反复操作。一进一出或几进几出，投资者可以发现虽然收盘数量与之前相同，但是现金却增加了，这样就可以降低成本，直到解套。

总之，主动解套的思路和方法有很多，无论采取哪种方法，其本质都是降低持股成本，尽快弥补亏损，如果操作得好，还能实现盈利。但是如果遇到被套后，不做任何操作而是等待股价上涨被动解套，这样解套的成功率不高，而且资金占有率大，时间成本也高，这不是聪明人的做法。

第6章

聪明人买保险"不单纯"

购买保险不仅是为家庭未来的风险提前买单，而且成为近年来非常热门的理财方式之一，对于聪明人来说，通过保险理财不仅可以节约家庭未来意外开支，还能合理化各类保险产品的配置，实现家庭开源目标，提高家庭收入。

6.1 保险理财，收益多多

对于年轻人来说，买保险已经不只是为自身增加一层保障，而是成为一种新的理财方式，能为家庭开源。

分红险能带来多大的红利？万能险最低收益是多少？投连险怎么配置最高级？保险理财，收益与保障两者可兼得。

6.1.1 分红险，红利有多丰厚

分红险简单来说就是通过保险配置，保单持有人参与保险公司的红利分配，保险公司在每个会计年度结束后，将上一年度的分红保险的可分配盈余，按照一定的比例分配给保单持有人的一种人寿保险。

对于分红险我们可以从分类、特色、优缺点、投资去向、红利分配、投保实战、投保技巧等方面去理解。

（1）分红险种类

分红险按照功能划分，可分为投资型分红险和保障型分红险，投资型分红险投资期限较短，它的保障功能相对较弱，一般不会附加各种健康险，且大多一次性交费，多以银保产品为代表；而保障型分红险主要以保障为主，分红是附加利益，如一些常见的保险公司推出的两全分红保险。

（2）分红险特色

相对来说，保费中上，但具有其他保险没有的分红获利机会，但分红不固定，分红多少与保险公司的经营状况相关，保险公司和保单持有人共享经营成果，共担投资风险。分红保险红利来源于保险公司的死差益、利差益、费差益所带来的可分配盈余，其中死差益是保险公司实际风险发生率低于预计风险发生率所产生的盈余；利差益是保险公司的实际投资收益大于预计投资收益所产生的盈余；费差益是保险公司实际营运管理费用低于预计营运管理费用所产生的盈余。

（3）分红险优缺点

我们购买了分红险，保险公司会拿我们的保费去经营投资，扣掉日常的赔付及管理成本，剩余的资金会通过红利的方式返还给我们，我们的资金通过另一种方式被活用起来，实现钱生钱的目标；分红险将保险公司的经营和客户捆绑在一起，在保险公司保持自身优良经营的同时，也能实现我们的分红，实现资产的保值并抵御金融风险。

很多人容易被演示的高分红吸引，从而做出错误的决策。分红险的分红大小是不确定的，演示的业绩只是基于市场及过去业绩的假设，分红可能很多，也可能为负，它与保险公司的经营业绩相关。

（4）分红险投资去向

分红险配置后，保险公司将保费主要投资于国债、存款、基金和大型基础设施建设等市场，具体的投资比例视不同保险公司及不同险种而定。

（5）分红险红利分配

银保监会规定保险公司每年至少应将分红保险可分配盈余的 70% 分配给客户。红利的分配包括现金红利和增额红利两种方式，现金红利简单来说就是以现金的形式将盈余分配给保单持有人，当我们获得现金红利以后，可以用来累积生息或抵交保费，现在我国很多保险公司都采用这种方式。

增额红利是在保险期间，保险公司以每年给保单持有人增加一定保额的方式分配相应的红利。

（6）投保实战

在配置分红险时，除了考虑风险与收益等基本要素外，还需要考虑其他要素，以李先生配置的分红险为例说明如下。

理财实例

分红险简单配一配

李先生最近收到一笔项目提成，大概有 1.50 万元，最近他有 20 万元的定期到期，在银行处理时，银行客户经理给他推荐了一份理财产品，也明确地告诉他，该产品是银保产品，属于理财保险中的分红险，详情如下：

◆ 产品特色

产品为分红型保险，保险公司将实际经营成果优于预定假设的盈余，按照一定的比例分配给投资者，保障很充分，在保障期间不仅有身故保障，还给付满期生存保险金，同时参与保险公司经营成果分配，产品运作的相关信息都会进行披露，包括红利变动情况。

◆ 投保详情

李先生可一次性交纳保险费 10 000 元，基本保额为 10 930 元，保险期间为 5 年，无其他任何附加险种。

◆ 投保渠道

李先生可选择柜台、手机、网银、智慧柜员机投保。

◆ 红利分配方式

在合同保险期间内，保险公司根据实际经营状况确定红利分配方案，保单的红利是不确定的，如果有红利可分配，将在合同的年生效对应日分配给李先生，每一保单年度，保险公司将向李先生提供一份红利通知书。

李先生可根据自身实际，通过现金或者累积生息的方式领取红利，选择现金红利的话，李先生可在保单红利派发日领取红利，如未在该日领取的，红利留存期间不计算相关利息。

如果李先生选择累积生息，定期不领取相关红利，而是留存在保险公司，保险公司会按每年确定的利率以复利方式计息，并在合同终止时给付。

如果最初李先生未领取相关红利，一般会默认为以累积生息的方式办

理，而在计算红利分配时，留存于本公司的红利与累积利息将不参与相关
红利分配。

◆ 红利演示

红利演示主要从投保年度、当年度末红利及累积红利、当年度生存金、
身故金、年度保单现金价值等说明，如表 6-1 所示。

表 6-1 分红险红利演示

保单年度	当年度保费	当年度末红利		当年度末生存保险金	身故保险金给付金额	年度末现金价值
		投资回报率（中）	投资回报率（高）			
1	10 000.00	136.00	238.00	0.00	14 000.00	9 560.00
2	0.00	139.00	243.00	0.00	14 000.00	9 880.00
3	0.00	142.00	249.00	0.00	14 000.00	10 220.00
4	0.00	146.00	255.00	0.00	14 000.00	10 570.00
5	0.00	149.00	261.00	10 930.00	14 000.00	0.00

上表所示的红利采用低、中、高档进行演示（这里累积红利未做展示），
其中低档一般默认为零，该利益演示是基于保险公司的精算及其他假设，
只作参考，不能代表保险公司的未来经营业绩，保险公司最终的红利分配
是不确定的。累积红利的利率假设为 3%，实际可能高于或低于该利率，同
时保单的年度现金价值以约定为准，这里仅供参考。

◆ 投资去向

保险公司会为分红保险设立相应的投资账户，并委托投资管理人专门
对该账户进行投资管理，从而保证资金的安全性、流动性、收益性，实现
投资账户的稳健增值，预期提供给保单持有人良好的分红。账户管理人通
过对宏观经济政策、货币政策、市场变动的分析研究，组合投资于固定收
益和权益类资产，追求长期稳定的投资收益。

◆ 投保人承担风险

投保后，投资者有机会参与保险公司的盈余分配，但是红利演示的收

益仅供参考，不代表实际分配的红利，投资者可能面临实际分配收益为零的风险。

◆ 退保

通常保单从签订合同的次日零时起，有 15 天的犹豫期，在犹豫期解除合同，保险公司会无息退还已交保险费；在犹豫期后解除合同，保险公司退还合同终止时的现金价值，所以在犹豫期后解除保险合同，投保人会遭受一定损失。

◆ 保险责任

在合同保险期间内，保险公司承担下列保险责任。

①身故保险金

被保险人的年龄不同，身故保险金也不同，具体如表 6-2 所示。

表 6-2　身故保险金

被保险人身故时的年龄	身故保险金数额
0 ~ 17 周岁	下列两者中的较大值： ①已交纳的合同的保险费 ②被保险人身故时合同的现金价值
18 ~ 40 周岁	已交纳的合同的保险费乘以 160%（1.60 万元）
41 ~ 60 周岁	已交纳的合同的保险费乘以 140%（1.40 万元）
61 周岁及以上	已交纳的合同的保险费乘以 120%（1.20 万元）

②生存保险金

被保险人在合同保险期间届满时仍然生存，保险公司按照合同的基本保额给付生存保险金，此时保险合同终止。

如上例所示，配置分红险要考虑产品特色、投保详情、投保渠道、红利演示、投资去向等因素。此外，掌握一些投保技巧也很有必要。

（7）分红险投保技巧

与其他理财配置一样，分红险投保也要有技巧，包括投保五须知、六注意、八误区，简单总结如下，仅供参考。

在配置分红险时有五大事项，我们必须明确。

①保险公司采用哪种红利分配方式，如何发放红利通知书。

②当个人信息改变，与保单信息不一致时，及时与客服联系修改，要使保单处于一种可服务的状态。

③在下一次交纳保费前，提前存入相关保费到账户，以免扣款不成功。

④保留保险公司的客服电话或理财经理电话，以便售后及时联系。

⑤仔细检查投保单，如果投保"三人"信息有误时，要及时更正。

在配置时，除了如上事项，我们还需要注意下面六点。

①货比三家，了解不同保险公司的分红产品，进行同类对比。

②看选定的保险公司的经营状况如何，是稳健经营还是经营不良。

③看选定的保险公司的红利分配方式如何，是现金还是增额。

④明确产品的属性，是投资型还是保障型。

⑤设定合理的保额，保额不能过高也不能过低。

⑥不要追逐短期收益，分红险追求的是中长期的收益。

我们在配置分红险过程中，还要注意越过一定的投资误区。

①分红险具有高回报。

②分红险投资收益高于银行利率。

③分红险一定有分红。

④不同险种，只做特色比较，忽略其缺点。

⑤购买的银保产品被误认为是银行理财产品。

⑥以分红险的历史业绩作为分红收益保障。

⑦认为分红险能"双重避税",税收收入投保后还能免税。

⑧法律规定保险公司不能破产,就认为保险公司一定不会破产,经营有保障,但保险公司经营不善,一样可能面临危机。

当我们具备一些分红险投保小技能后,综合考虑家庭需求、理财目标、风险规划后就可以进行投保实战了。

6.1.2 万能险,配置最基础

万能险本质是寿险,保险公司为投保人建立投资账户,而投保人可以参与投资账户的相关资金的投资活动,保单价值与投资账户资金业绩相关。

万能险具有人寿保险的基本功能,不会实现暴利,却能在兼顾收益与保障的同时,保持资产的平稳增长。投资人的大部分保费用来购买保险公司设立的投资账户单位,投资管理人负责将账户内资金投入到相关理财市场。

对于万能险我们可以从分类、特色、投资去向、收益演示、投保实战、投保技巧等方面去理解。

(1)万能险分类

万能险可以分为重保障型和重投资型,其中重保障型的保额较高,在前期保费较高,投资账户的资金也不多,前期退保的话,损失较大。而重投资型保额较低,首期扣费少,投资账户资金较多,退保损失不大。

(2)万能险特色

万能险的"万能",主要体现在如下几方面。

①交费自由,可以任意选择、变更交费期,甚至可以在收入发生变化时,缓交或停交保费,只要保单账户足够支付保单费用,等过几年收入增加,

再继续补交或追加保费。

②当投资人的理财目标、家庭需求、风险规划发生变化时，可以选择变更"基本保额"，万能险的基本保额在一定范围内是可以自主变更的。

③费用透明，相对于其他险种，万能险的费用很透明，对于交费、初始费用、保障成本、进入投资账户资金都有明确的说明，保险公司每个月或每季度还会进行保单账户价值结算，公布当月（当季）的结算利率。

④相对于其他险种，万能险会有一个最低保证收益，通常保证利率在1.75% ~ 2.5%，对于高于保底利率之上的收益，保险公司和投资人按照一定比例分享。万能险的保证收益，是扣除费用及保障成本后划入单独账户的保费。

⑤账户价值领取方便，投保人能够在家庭急需资金时，随时领取保单账户价值余额。

（3）投资去向

通常没有统一的标准，大多数保险公司的资产配置主要以固定收益类产品为主，通过银行、债券等获得最低组合收益，同时适当地配置权益类资产来获得超额收益。

（4）投保实战

万能险在配置上考虑的基础因素与分红险差异不大，但在具体明细上还是存在一些差异，下面以张先生家庭万能险配置为例具体讲解。

理财实例
万能险配置有技巧

张先生最近收到一笔 2 万元的朋友借款，由于是通过手机银行转账获得的，他在查询相关余额时，顺便浏览了一些理财产品，发现了一份推荐的万能险，详情如下。

◆ 产品特色

产品的初始费用较低，利率有保证，且具有两全的保障，可进行保单借款，资金使用相对灵活。

◆ 投保详情

张先生可一次性交纳保险费 10 000 元，保险期间为 5 年，无其他任何附加险种，保证利率为 3%，每月结算一次。

◆ 成本费用

成本费用主要包括初始费用、风险保险费、退保费用等，若投入成本在 20 万元以下，初始费用的收取比例为 3%；投入资金在 20 万元及以上，初始费用收取比例为 2%。此外每月按照一定比例收取风险保险费，退保费用第一年为 5%，第二年为 4%，第三年为 3%，第四年 2%，第五年 1%。

◆ 投资去向

万能险账户主要投资于相关法律法规和监管政策规定下的固定收益类和权益类投资品种，投资管理人会采取动态资产的配置策略，追求投资账户长期稳定的投资收益。

◆ 保单的账户价值

保单的账户价值主要包括保单价值和账户利息，在保险期间，账户价值按照有关方法计算，如表 6-3 所示。

表 6-3　保单账户价值

具体情形	保单账户价值
在保险合同账户建立时	保险合同账户价值 = 交纳的保费 - 初始费用
追加保费后	保险合同账户价值增额为追加保费扣除初始费用增额
每月收取风险保险费后	保险合同账户价值按收取的风险保险费减少
结算保险合同账户利息后	保险合同账户价值按所结算的账户利息增加
部分领取保单账户价值后	保险合同账户价值按领取金额等额减少

投资者的账户收益，除了账户价值计算，还可以进行保单账户价值的利息计算，具体如表6-4所示。

表6-4 保单账户利息计算

具体情形	计息天数	利率
在每个结算日零时或合同终止时结算	实际天数	日复利
在结算日零时结算	合同上个结算期间的实际经过天数	当期公布的结算利率
在合同终止时结算	合同当期结算期间的实际经过天数	合同最近一期公布的结算利率

◆ 退保

自投保人收到保险合同并书面签收之日起，有15天的犹豫期，在犹豫期解除合同，保险公司会无息退还已交保险费，但会扣除不超过10元的工本费；在犹豫期后解除合同，保险公司退还合同终止时的现金价值，要收取一定的退保费用。

◆ 收益演示

万能险的收益演示可以从投保年度、保费、初始费用、账户价值、最低保证年利率3.0%、高档结算年利率6.0%等事项进行说明，部分明细如表6-5所示。

表6-5 万能险收益演示

年 度	保 费	初始费用	账户资金	最低保证年利率：3.0%		
				风险保险费	账户价值	现金价值
1	10 000.00	300.00	9 700.00	3.50	9 987.40	9 488.10
2	—	—	—	3.90	10 283.10	9 871.80
3				4.30	10 587.30	10 269.70
4				4.70	10 900.10	10 682.10
5				5.20	11 221.80	—

如上表所示的收益演示，基于的是保险公司的精算及其他假设，不代表保险公司的历史经营业绩及未来经营业绩，最低保证利率之上的投资收益是不确定的，实际的保单收益可能低于演示收益，因此收益演示仅供参考。实际收益以合同约定为主，且每月收取的风险保险费以保险合同约定为准，上表的风险保险费为当年风险保险费总额。

如上例所示，配置万能险也要考虑产品特色、投保详情、成本费用、投资去向、账户价值、产品收益等因素。另外，掌握必要的投保技巧是很有帮助的。

（5）投保技巧

与其他理财配置一样，万能险投保也需要了解投保六须知、五注意和六误区，简单总结如下，仅供参考。

在配置万能险时有六大事项，我们必须明确。

①万能险适合哪类人群，中青年还是具有养老规划的人群？

②保障额度设置为多少合适，保额一般与保费相关。

③初始费用收多少，万能险的费用项目很多，而初始费用占了很大的比例，如投资本金为5万元，初始费用为5 000元，高达10%，但会有相关限制，如不能超过6 000元。

④保单账户每月都会收取账户管理费，虽然不多，但仍要保证账户有足够的余额，否则可能影响账户管理。

⑤万能险前期扣除初始费用以后，账户积累资金不多，随意支取有难度，退保有损失，不建议轻易退保。

⑥要弄清楚追加保费是在原有保单上追加还是重新购买一份。

另外，除了以上事项，我们还需要重视五大注意事项。

①万能险产品很多，从自身需求、理财目标、风险规划出发才是重点，而不是跟风买爆款。

②优先选择服务好、产品优的保险公司和平台，且同类产品货比三家。

③选择提供最低保证利率较高的保险公司推出的产品更有利。

④产品重保障还是重投资，要根据自身需求和经济能力来选购。

⑤合理分配万能险账户，理财者更重投资，投保人交纳的保费，扣除初始费用、保障费用、保单管理费等相关费用后，剩余部分才进入投资账户。

我们在配置万能险的过程中，还要注意越过六大投资误区。

万能险高回报不亏损。虽然万能险有最低的保证收益，但前期扣除的费用较高，且投资账户收益是浮动的，同样会面临保险公司投资收益率走低的风险。

万能险等于储蓄。万能险虽有最低保证收益，但并不等于储蓄，它的投资收益会不断波动，安全性低于国债和储蓄。

万能险能随时支取。如果在保障期间，家庭急需资金，可以进行保单借款，如果支取保单现金价值余额，相对保障会降低，若投资账户积累的资金较少，保险公司也不会同意客户随意支取。

保险公司公布的利率就是最终结算收益。公布的利率并不是所交全部保费的收益率，而是在扣除初始费用、保障费用、手续费等费用之后，进入个人投资账户部分的收益率。

万能险保障很全面。相对来说，万能险的保障多为意外身故保障，医疗、健康、财产等其他保障，还需要附加其他险种才行，万能并不万能。

月度收益与年化利率等同。万能险的月度收益与年化利率是有差别的，保险公司会定期公布结算利率，其公布的结算利率可能按月计算，并且复利计息，实现利滚利，具体以险种为准。

万能险适合具有持续稳定收入、有一笔闲置资金且长期没有其他投资意向、家庭主要经济支柱保障不够、对万能险的收益回报做中长期规划的家庭。

6.1.3 投连险，升级有门道

投连险是投资连结保险的简称，是保险与投资直接相连，集保障与投资功能于一身的保险。对于投连险我们可以从产品特色、运作模式、优缺点、投保实战、投保技巧等方面去理解。

（1）投连险特色

投连险的特色可以从账户设置、保险责任、保费、费用成本等方面去了解，简单介绍如下，仅供参考。

◆ 账户设置

当我们交纳保费以后，根据事先的约定，保险公司将部分或者全部的保费分配进入相应的投资账户并换算成相应的投资单位，投资单位可以计价，账户价值主要根据投资单位数及投资单位价格计算。

◆ 保险责任

投资连结保险具有寿险的基本保险责任，如死亡、残疾给付、生存保险金等，有的产品还具有保费豁免、重疾的保险责任，银保监会规定投连险必须包括一项以上的保险责任。

◆ 保费

投连险的保费交纳具有灵活性，具体以险种为准。

◆ 费用成本

与其他险种相比，投连险在费用收取上很透明，保险公司会详细列明保单扣除的费用及用途，投保人可随时查询。

◆ 收益与风险

因为投连险会设置多个账户，而不同账户投资险种不同。投资收益保险公司是不会保障的，不同账户的投资收益受到市场影响较大。投连险的收益相对其他险种，其收益结构更丰富，但投资风险也更高。

（2）运作模式

投连险会设立多个账户供投保人选择，如根据风险大小及投资策略，开设基金账户、发展账户、保证收益账户，投保人可以将保费按照不同的比例分配到这三个账户，不同的账户投资策略不同。

基金账户会采取较激进的投资策略；发展账户采用较稳健的投资策略；保证收益账户采用保守的投资策略，但具体策略还应视不同的保险公司、不同的险种而定，有的保险公司其账户设置甚至达到六个或以上。

（3）投连险优缺点

对于个人投资者来说，将保费交于保险公司进行投资理财，相比自身理财更为稳健，因为保险公司投资经验、业绩、专业都比个体投资者更优化。

但比起普通险种，投连险的投资收益是不固定的，可能获得高收益也可能零收益，而且投入的保费作为本金，在保险期间是不能退保的，即使能退保也会给理财者带来一些损失。

（4）投保实战

相对分红险和万能险，投连险的配置，更复杂，但我们还是可以从基本要素入手进行配置，以刘先生的投连险配置为例进行介绍。

理财实例

投连险简单配

刘先生 3 年前购买的分红险到期，他在考虑继续投保分红险还是选择其他险种，而有做理财规划的朋友，根据他的家庭保障、收入与支出、财务周期、风险能力等事项，建议他可以尝试投连险，而且通过网银或手机银行就能购买，很方便快捷。

刘先生打算购置的投连险，具体详情如下。

◆ 产品特色

产品的交费相对灵活，而且保单设置了多个账户，投保人可自由选择，并且在持有期间可免费地无限次转换。若在持有期间，家庭急需资金，还可以领取相应的保单价值，领取方便快捷。

◆ 投保详情

刘先生可一次性交纳保险费 100 000 元，保终身，八大账户可选择。

◆ 成本费用

该投连险的费用主要包括初始费用、资产管理费、退保费用、保单管理费、部分领取手续费等，当前所有费用的具体比例如表 6-6 所示。

表 6-6　费用比例

费用项目	具体比例
初始费用	1.5%
资产管理费	0.2% ~ 1.7%，不同账户比例不同
退保费用	前三年分别为 5%、3%、1%，之后为 0
保单管理费	0.00
部分领取手续费	0.00
投资账户转换手续费	0.00

上表的费用比例只是当前的计算比例，在持有期间，保险公司有权对

上述费用比例进行调整，所以费用金额并不是一成不变。此外，保险公司会对合同承担的风险保险金额收取相应的保障成本。

◆ 投资账户运作

该投连险设置了八大账户，分别为稳健收益型投资账户、平衡配置型投资账户、行业配置型投资账户、货币避险型投资账户、沪港深精选投资账户、安盈回报投资账户、开泰宏利投资账户、稳盈增利投资账户。

我们简单以稳健收益型、平衡配置型、行业配置型、稳盈增利型四大投资账户为例，对账户的运作进行简单说明，主要从账户的投资去向及比例、投资目标、投资风险、资产管理费、适合人群等方面对比分析，具体如表6-7所示。

表6-7 投资账户运作

稳健收益型投资账户	
账　户	明　细
投资去向及比例	主要投资于固定收益资产（60% ~ 100%）、权益类资产（0% ~ 20%）、流动性资产（不低于5%）
投资目标	追求本金安全性及流动性，并实现账户资产的长期稳定增值
账户风险	主要有利率风险、信用风险、市场风险
资产管理费	管理费年收取比例最高不超过2%，目前收取标准为1.3%
适合客户	该账户适合追求低风险，获取稳健收益的理财者
平衡配置型投资账户	
账　户	明　细
投资去向及比例	主要投资于固定收益资产（0% ~ 80%）、权益类资产（0% ~ 75%）、流动性资产（不低于5%）
投资目标	在有效控制风险的基础上，追求账户资产的长期稳定增值
账户风险	主要有市场风险、利率风险和信用风险，且账户属于中等风险
资产管理费	管理费年收取比例最高不超过2%，目前收取标准为1.5%
适合客户	适合具有长期投资理财需求，中等风险偏好的理财者

行业配置型投资账户	
账　户	明　细
投资去向及比例	主要投资于上市权益类资产（60%～95%）、流动性资产（不低于5%）、固定收益类资产（5%～40%）等产品
投资目标	账户采用团队协作的模式，实现对各个行业组的有效覆盖，打造专业化的投资模式，实现高风险高收益的理财目标
账户风险	账户的风险包括市场风险、债券利率风险、信用风险、流动性风险、汇率风险等
资产管理费	资产管理费年收取比例最高不超过2%，目前收取标准为1.5%
适合客户	适合风险承受能力较强的投资者
稳盈增利型投资账户	
账　户	明　细
投资去向及比例	主要投资于流动性资产（不低于账户价值的5%）、固定收益类资产（与流动性资产合计不低于账户价值80%）、不动产类资产及其他金融资产（不高于账户价值30%）等产品
投资目标	在严格控制风险的前提下，获取固定收益组合的稳定收益，同时追求账户资产的长期稳健增值
账户风险	主要包括市场风险、信用风险、流动性风险、债券利率风险等
资产管理费	资产管理费年收取比例最高不超过2%，目前收取标准为1%
适合客户	该账户适合中低风险承受能力的投资者

如上表所示，不同的账户适合不同的投资人群，且各投资账户的投资风险完全由投保人承担。

◆　收益演示

假设李先生一次性交纳保险费10万元，收益主要从初始费用、退保费用、保单账户价值、退保现金价值、保险收益等方面进行演示，以前5个年度为例，部分数据如表6-8所示。

对于如下的收益演示，是基于保险公司的收益假设，不能代表其实际业绩，实际投资收益也可能为负数。对于收益，保单账户价值和现金价值保险公司只会给付任意一项，给付后合同终止。演示中的投资账户的投资收益年利率低、中、高分别为 1%、4.5%、7%。

表 6-8 投资收益演示

年度	初始费用	账户金额	当年保障成本		
			低	中	高
1	1 500.00	98 500.00	18.00	18.00	19.00
2	0.00	0.00	38.00	40.00	41.00
3	0.00	0.00	40.00	43.00	46.00
4	0.00	0.00	42.00	47.00	51.00
5	0.00	0.00	44.00	51.00	57.00

年度	保单年度末投资账户价值			保单年度末现金价值		
	低	中	高	低	中	高
1	99 467.00	102 914.00	105 376.00	94 494.00	97 768.00	100 107.00
2	100 424.00	107 504.00	112 709.00	97 411.00	104 279.00	109 328.00
3	101 388.00	112 298.00	120 552.00	100 374.00	111 175.00	119 346.00
4	102 360.00	117 303.00	128 937.00	102 360.00	117 303.00	128 937.00
5	103 339.00	122 529.00	137 904.00	103 339.00	122 529.00	137 904.00

如上例所示，配置投连险要考虑产品特色、投保详情、成本费用、投资账户运作、收益演示等因素。另外，还要掌握一些投保技巧。

（5）投保技巧

与其他理财配置一样，投连险投保也具有相应技巧。

①选择一家有实力且投资经验丰富的保险公司，不同账户的投资收益相对更有保障。可以对比不同保险公司的投资业绩，选择投资业绩相对稳定并且优良的保险公司。

②投连险可以选择一次性交清或者分期交纳保费，可根据家庭风险、资金规划、理财目标、投资意向等选择适合自身的交费方式。

③不要将保费全部分配到一个账户，可以组合投资并且根据市场的变动，不断地调整不同账户的资金配置。

④不要盲目追求短线操作或者高收益，相对来说，投连险追求的是实现理财者的长期资产稳健升值。

投连险的本质可以理解为你通过投资，请了一个操盘手代你打理相关资产，相比你个人投资理财更专业，收益也更有保障，但并不能保证收益，因为操盘手也会受自身专业、市场等因素影响。所以选择投连险，我们要看到收益也要看到风险。

6.2 保险理财，源远流长

对于年轻人来说，通过分红险、万能险、投连险的配置，能实现家庭多渠道开源，提高家庭收入。但同时我们还可以通过其他保险配置，实现家庭节流，如给家庭配置意外险和健康险，能预防未来可能发生的意外医疗、住院、重疾给家庭带来的资产损失。提前进行风险规划，一旦意外发生，就能够减少家庭支出。

意外险和健康险，两者配置有技巧。

6.2.1 意外险，短配置

意外险又叫意外伤害保险，主要以人的身体为保险标的，当被保险人遭受意外伤害，出现医疗、住院、伤残、死亡等情况时，保险公司将在保险责任范围内赔付一定的保险金。

意外险保险期限较短，大多为一年；保额相对灵活，可以与保险公司协商；保费较低，每年保费通常在 100 ~ 500 元，大多在 200 元左右，但如果期限到期未出险，保险公司不会退还保费。对于年轻人来说，该如何配置意外险呢？

（1）综合搭配相关险种

可以从自身需求确定相应的险种搭配，如对于经常出差或日常乘坐公共交通工具较多的年轻人来说，在意外险的选择上，多注重交通工具保障的额度；喜欢旅游的人群，可以在出发前购买一份短期的旅游意外险，包括可承保的一些高风险运动及紧急救援服务；对于上班族来说，投保简单的综合性意外险更合适，此类保险综合了意外伤害、医疗、住院津贴、公共交通工具保障等，保障相对全面。

（2）计划保障期限

常见的意外险大多是短期消费型的意外险，保障期限为一年，而旅游意外险的时间更短。期限长短具体要以家庭实际需求为准。

（3）买足意外保额

意外险的保险责任至少会包括意外医疗、住院、伤残、身故等保险金，其中身故金的保额设置在家庭年收入的 5 ~ 10 倍较好。

（4）明确保险责任

明确购置的险种的保险责任，看保障是否全面；读懂保险条款，明确其中的免除责任，明确在哪种情形下，保险公司是不会理赔的。

（5）优质意外险的表现

一款优质的意外险，具有短期投保、保障全面、杠杆高的特点，大多为一年期的消费型保险；同时意外险保障了身故、伤残、意外医疗、住院津贴、公共交通额外赔付等意外伤害保险金的给付。优质的意外险大多低保费、高保额，如一款年保费为 100 ～ 500 元的意外险，因乘坐飞机时意外身故或伤残，最高赔付 500 万元。

除此以外，在配置意外险时要注意，不建议配置返还型的意外险，返还的保费并不能抗通胀，同时有的返还型保险其保障不那么全面，而且家庭没有必要同时配置多份意外险，以免重复投保，浪费家庭资金。

6.2.2 职场健康，越早投保越好

国家卫生部公布的数据表明，人的一生罹患重大疾病的概率高达72.18%。而近年来，因为工作压力大、频繁加班、作息饮食不规律、缺乏锻炼等因素导致重大疾病日趋年轻化，所以对于年轻人来说，健康险越早投保越好。健康险的一大特点是需要体检，越晚购买，体检越不容易通过，容易被保险公司拒保。

健康保险简单来说就是被保险人对自己的身体健康进行投保，当合同约定的因健康原因导致损失的情形出现时，保险公司将给付保险金的保险。

健康险主要包括医疗险和重疾险，医疗险属于报销型，包括小额医疗和百万医疗，主要对于日常的小病和大病的医疗费用进行报销；而重疾险属于定额给付，大多险种是被保险人确诊即给付，现在保险市场中健康保险的种类很多，具体该如何配置呢？

①不要重复投保医疗险，重复投保不能重复理赔，而很多保险产品在保额上能够满足大部分人的保障需求，所以没有必要重复投保。

②投保时先保大人再保孩子，同样的保障，具有保费豁免的险种更佳。

③保障功能、保费、保额、平台实力等差异不大的情况下，优选有住院垫付或收入津贴的险种，节约家庭成本，弥补收入损失。

④如实填写个人信息，特别是健康告知，不隐瞒过往疾病。

⑤利用好 15 天的退保犹豫期，决定是否持有该产品。

⑥确定保险的种类，消费型的重疾险相对来说保障充足，保费也不高，适合年轻人投保；而到期领取保险金的重疾险，相对保费较高，对于年轻人来说，经济压力较大。

⑦在保障期限上，有定期和终身之分，定期一般保障到具体年龄，如 70 周岁。相对来说，保障终身更有利，年纪越大，投保越难，保费越贵。

⑧看产品的保险责任，保险责任越全面越好，如重疾险不仅保障高发重疾，还保障了一些高发轻症、中症疾病。

⑨看健康险的等待期，等待期越短，被保险人就可以越早获得保障。

⑩在保险责任差异不大的情况下，要比较产品的保费、理赔、平台等，货比三家，看产品的性价比。

另外，在健康险配置时，针对不同性别，其配置也有不同。对女性来说，还可以配置一些针对女性高发疾病的健康险，如针对女性高发的子宫肌瘤、乳腺癌、宫颈癌等设置的女性健康险。

6.3　保险配置，巧定计划

对于年轻人来说，可以从投保注意事项、投保技巧、投保实战等方面制订相应的保险配置计划。

6.3.1　投保六要六不要

做任何事情我们都需要遵循相应的规则，投保也是如此。投保时，我们可遵循六要六不要的规则，下面简单列举如下。

◆ 要有自己的主张，不要偏听偏信

不要盲目选择保险爆款或者冷门产品，不要客服推荐哪款好就买哪款，要从家庭实际出发，制订适合家庭的投保计划。

◆ 要多险种比较，不要跟风购买

现在市场中的保险产品很多，可以从家庭需求、风险规划、预算、理财目标等因素出发，货比三家，选择适合家庭的险种，而不要盲目追逐跟风。

◆ 要读懂保险条款，不要未懂就签字

保险条款就是产品的详细说明书，一定要仔细阅读，读懂保险条款要抓住重点，简单说明如下。

①核对基本信息，包括投保人、被保险人、受益人的基本身份信息、地址、电话等，如果信息不正确要及时更改，以免影响后续理赔。

②明确保险责任，不同的险种对于保险责任的规定不同，但无论哪一种都要明确详细的保险责任及责任免除事项，以及哪种情形保障，哪种情形不保障，理财保险分红、投资收益如何给付等。

③明确产品的犹豫期、等待期、宽限期、中止期。犹豫期简单来说就是可退保无损失的时期；等待期是合同生效期，重疾险和医疗险多有等待期，在等待期发生的保险事故保险公司不理赔；宽限期是投保人未按时交纳续期保费，但保险公司未停止保障，并等待保险人续费的宽限时间，一般为 60 天。保险续费若超过宽限期，保单就进入了中止期，通常为两年，在此期间的保险事故，保险公司不承担责任。

◆ 要先确定需求，不要冲动购买

无论配置哪一类保险，理财也好，保障也罢，都要基于家庭需求，而非一时冲动购买，随意投保。

◆ 要从保障出发，不要购买人情保单

我们可能有亲戚、朋友、同学从事保险行业，当他们推荐保险给你时，不能因为人情就投保，要看清产品是不是适合自己。

◆ 要从保险责任出发，不要只看保费

有的产品保费很便宜，但保障不能满足家庭需求，我们要从家庭收支、理财目标、需求出发，选择高性价比的产品。

在配置保险时，我们还需要坚持基本的投保原则，如先保障，后理财；先大人，后小孩；先规划，后产品；先保额，后期限；先人身，后财产；先条款，后公司。

6.3.2 聪明人投保有技巧

随着社会的发展以及人们投资理财意识的加强，越来越多的人会选择配置相应的保险理财产品，而市场中的保险公司及保险产品众多，该如何去选择和配置呢？如表 6-9 所示的简单小技巧，可供参考。

表 6-9 选择保险产品的技巧

技　　巧	具体介绍
慎选保险公司	选择保险公司时主要关注保险公司的资金实力是否雄厚、经营业绩是否良好、产品种类是否齐全、同类产品是否具有价格优势、售后服务是否优化、偿付能力高低等事项
了解保险基本常识	在配置保险之前，了解基本的保险"干货"，有利于理解保险产品，优化保险配置
读懂保险条款	保险条款是保险配置的重要考量对象，不仅关系保险售前，还关系售中和售后，与理财者的保障及投资收益息息相关
确定投入资金	保险理财应量力而行，不能将全部资金投资于保险，如果投入保费过多，可能会影响生活质量，投入过少不能起到保障作用。从产品种类、数量、保额、期限等做出合理的计划，避免家庭保险不足或保障过度

技　　巧	具体介绍
如实填写个人信息	投保人对于投保单上的信息一定要如实填写,包括过往疾病,同时在投保单上亲自签字,不能让他人代签,投保成功后,保存好保单
走出投保误区	收入不稳定就不投保,有社保就不需要保险,大家买什么我买什么,投资回报率有多高、只帮小孩投保、搬家不告知……我们要注意走出这些投保误区,才能实现保险理财的优化配置
选择适合的购买渠道	很多保险产品可以通过线上线下购买,线上主要通过网银或手机银行在银行、保险公司官网或第三方平台购买
明确理赔程序	对于保障型保险,了解理赔程序、理赔时间、理赔资料等能帮我们实现轻松理赔。而对于理财类保险,我们需明确收益计算及发放流程
客观看待风险与收益	对于理财类保险,一般追求的是实现资产的长期稳定升值,而非一时暴利,所以不同的投资账户,有收益也有风险,且两者正相关

另外,针对理赔事项,我们还要避免进入理赔误区;如果忘记续保,应抓住宽限期,避免保单中止,后期保单失效;如果家庭急需资金,一般是可以进行保单借款的,中途退保,容易造成损失。

6.3.3 投保实战看一看

对于年收入达 10 万元的家庭,该如何配置保险呢? 看下面一个案例。

理财实例

10 万元收入,保险简单配

唐先生最近车险到期,打算换一家保险公司,然后咨询了一个在保险行业的朋友,在给他选择了最实惠的车险后,朋友询问他,七夕到了,要不要给女友送一份爱的礼物,花费不高,但心意很好,具体情况如表 6-10 所示。

表 6-10 投保详情

项 目	明 细
保障对象	99 种重大疾病
保额	最高 600 万重疾住院报销
保费	146.00
特色	0 免赔，包括重大疾病、意外伤害、轻症保障
增值服务	附赠 10 万元私家车驾驶交通意外险

如上例所示，对于 10 万元收入的家庭来说，该保险配置是否适合呢？具体可参考以下几点内容。

（1）分析家庭现状，明确家庭需求

年收入 10 万元的家庭，相对来说收入不高，积蓄不多，多为工作不久、单收入家庭，家庭正处于单身期或初创期，家庭的经济压力正在逐步增加。虽然储蓄较少，但是家庭可能遭遇的重大疾病风险的概率以及治疗费用不会比其他人低，所以保障是重点。

（2）保费多少合适

一般来说保费占家庭年收入 10% 左右较好，但这对于年收入 10 万元的家庭来说，相对偏高。

同样是支出 10 000 元，对于年收入 10 万元和 50 万元的家庭来说具有明显的区别。在同等保障下，对于收入不高的家庭来说，需要配置性价比更高的产品，如将保费配置在年收入的 5% ~ 10%。

（3）先保谁

对于 10 万元收入的家庭来说，家庭的主要经济来源是收入，要考虑谁先投保，因为一旦出现意外，中断的收入、治疗费用、护理费用、后期康复费用都更多，将给家庭带来巨大的经济压力。同类保险，在给家庭成员配置时，可以为家庭经济支柱配置较高一些的保额。

此外，我们还要注意网络投保时，可通过手机银行或保险公司官网进入，查看相关产品，仔细阅读保险条款。且网上投保后，通常具有电子保单，电子保单与纸质保单具有同等法律效力，注意保存好。

投保成功后，保单生效需要一定的时间。网上投保时，可以将保险起止日期往前往后都延长一天。网上投保全程自助，方便快捷，但也要注意投保安全。

第7章

聪明人轻松奔向财务自由

我们都想实现财务自由，但不一定人人都能实现。什么是财务自由？财务自由思维有没有？财务自由的目标是什么？家庭被动收入有多少？实现财务自由的渠道有哪些？关于这些问题，本章简单聊一聊。

7.1 财务自由"干货"，巧储备

多少收入才算财务自由，年薪 100 万元还是年薪 200 万元？那些高收入者是不是都实现了财务自由……

要想实现财务自由，首先从储备财务自由"干货"入手。

7.1.1 消费自由不等于财务自由

财务自由是一种生活状态，是个人或者家庭的被动收入等于或者大于家庭的日常开支，简单来说，如果家庭每月开支在 5 000 元，而你每月无须通过工作就能获得 5 000.01 元的被动收入，生活就已经达到财务自由了。

财务自由主要与家庭的被动收入相关，被动收入简单理解就是非工薪收入。

财务自由是不是消费自由？如每月被动收入 5 000.01 元，家庭日常开支只需 5 000 元，理论上已经达到财务自由，但是如果这样的家庭想随意买房、买车，想买什么就买什么，此时就不能算是达到财务自由了，所以财务自由不是消费自由。

理财先理脑，要想实现财务自由，首先需要个人拥有相应的财富思维，常见的财富思维如表 7-1 所示。

表 7-1　常见财富思维

财富思维	具体介绍
实现家庭开源节流	不管月收入高低，家庭都需要制订相应的理财计划，通过各类理财工具，实现家庭开源，同时通过对家庭收支的管理，实现家庭节流

财富思维	具体介绍
家庭闲置资金少于半年	个人家庭的闲置资金应该活用起来，我们通过付出脑力和劳动赚钱去获得工薪收入，而获得工薪收入以后，还需要将家庭开支之外的闲置资金，通过储蓄、债券、基金、股票等理财工具，获得投资收益，让钱生钱，不断地增加家庭的被动收入，积累家庭财富
正确面对财富	实现家庭财务自由需要不断地增加家庭的被动收入，不管哪种来源的被动收入，都需要满足"君子爱财，取之有道，用之有道"的原则
永远不要放弃财富梦想	每个人都有财富梦，理想与现实是可以平衡的，在不断增加主动与被动收入时，不要放弃个人的财富梦想，当积累达到一定阶段，梦想也能变成现实
理财能致富	个人通过适当的理财，能更好地对资产进行配置，对负债进行偿还，增加家庭的现金流及理财收益，增加被动收入

财务自由会经历寻找积累财富渠道、经营管理财富、财富升值的过程。实现财富积累的渠道包括实业投资、自媒体、直播、股权投资、技术入股、打造个人商业模式等。

7.1.2 收入四象限，总有一款属于你

如果将我们的生活分为四个象限，可分为工薪族象限、自由职业者象限、企业主象限和投资者象限，我们的收入都来自这四大象限。

◆ 工薪族象限

大多数人在工薪族象限，又叫 E 象限。在该象限，我们通过付出劳动，换取相应的工薪回报，长期来说，相对安稳，可实现家庭财富的长期稳定升值。但在该象限中，财务相对不自由，而且也具有不稳定性，收益来源为各行各业的工薪收入。

◆ 自由职业者象限

自由职业者象限，简称 S 象限，是自己给自己支付工资的人群，相对比较自由，多劳多得，但需要承担市场与行业风险，而且要想在该象限积累到一定的财富，专业、年龄等因素限制较大，收益来源是自己为自己打工赚的钱。

◆ 企业主象限

企业主象限，简称 B 象限，是指拥有一个运转良好的企业系统，让他人为自己打工，收益来源是长期的可持续的企业收益。相对来说，在该象限获得的收益更多，但同样风险更大。

◆ 投资者象限

投资者象限又称为"I 象限"，拥有 B 象限人群的一些财富或能力，并且具有投资能力。这一象限人群的收入更升级化，收入的来源是各种投资，通过钱生钱获得收益。在该象限无论是选择创业还是投资，都需要资金、技能、经验、格局和眼光等支撑。

如上的四个象限各具特色，作为工薪者为了实现财务自由，不能随意跳入其他象限。否则，容易带来不良的影响，如盲目辞职，家庭收入突然中断；盲目投资，不仅未能获得预期收益，还可能损失本金。

从自由职业象限到企业主象限，如果缺乏相应技能、市场分析能力，容易造成生意失败，损失家庭财富。

我们如何从工薪族象限到自由职业者象限呢？可以通过白手起家，但成功率较低，无资本、无项目，容易被市场淘汰。但可以通过加盟或代理，选择一些适合的加盟品牌，起步费用低、雇佣人员少、囤货少、固定资产投入少的加盟品牌相对更具优势，但还需要进行市场分析与验证，将家庭资产与负债、抗风险能力、理财目标、家庭需求等因素做综合考虑。

无论是积累家庭的工薪收入还是被动收入，都与企业相关，而工薪族、自由职业者、企业主、投资者也与企业息息相关，在这四个象限中积累财富最多的人是最了解企业经营的人。

所以，要想实现财务自由，就要成为一个能优化和分配自身资源，并且能构建相应理财系统的人，而不能只成为系统的一部分。

7.2 财务自由目标，规划是动力

要想实现财务自由，不能只是空想，需要制订一系列的财务自由计划。财务自由目标是可以达到的，关键是如何制订财务自由计划并依照计划实行。

7.2.1 财务自由计划书，轻松制

财务自由计划书，是对实现家庭财务自由的一系列规划，包括实现财务自由的意义、财务自由基本知识储备、评估家庭财务状况、明确财务自由目标、评估自身赚钱能力、选择适合家庭的财务自由实现渠道、将理财工具具体化、制订财务自由资产配置方案等。

（1）明确财务自由的意义

我们可以问问自己，想不想实现财务自由？实现财务自由能给我们的生活带来多大的改变？财务不自由，对我们的生活有哪些限制？

（2）财务自由基本知识储备

财务自由基本知识储备主要包括对财务自由的基本常识、风险规划、理财常识、理财工具、财务周期等的认识、把握、总结。

（3）评估家庭财务状况

我们可以通过家庭资产负债表、家庭现金流量表、家庭收支管理表等，明确家庭资产、负债、现金有多少，同时可以通过十大财务健康指标，定期给家庭财务状况进行"体检"。然后可以根据财务现状，规划要实现财务自由的资产、负债、现金是多少，且同样可以通过三大报表完成。

（4）明确财务自由目标

我们可以将财务自由的目标阶段化、数字化，变成可计算的相关数据，如我要在 ×× 年 ×× 月 ×× 日前实现家庭非工资收入大于 ×× 万元。同时我们还可以通过相应财务比率的计算，将财务目标进行分解。

如计算财务自由率、生钱资产率、资产负债率，其中财务自由率 = 非工资类收入 / 生活总支出 ×100%，一般认为该比率达到或超过 100% 就能实现财务自由，但相对来说大于 100% 会更有保障；生钱资产率 = 生钱资产 / 总资产 ×100%，一般认为该比率大于 80% 较佳；而资产负债率在前面内容中提过，最好控制在 50% 以下。

这三大比率没有统一的标准，具体还需要根据家庭资产、负债、现金流、收入、支出、需求、目标、风险等因素进行规划。

（5）评估自己的赚钱能力

可以从自身掌握的技能出发进行评估，包括工作技能、其他技能、生钱技能等综合能力，从而明确自己的赚钱能力高低。要从职场及理财市场出发，制订相应的收入提高计划。

（6）选择适合家庭的财务自由实现渠道

实现家庭财务自由的渠道有很多，但无论哪一种渠道都是为了增加家庭的生钱资产，实现钱生钱的理财目标。在制订财务自由计划书时，可以根据自身实际，规划欲选择的财务自由实现渠道。

（7）将理财工具具体化

可以将家庭规划的理财工具具体化，如股票投资计划、债券投资计划、基金投资计划等，将各类理财工具的投入本金、收益、风险、买卖时机、目标等阶段化、数字化。

（8）制订财务自由资产配置方案

可以将家庭资产进行优化配置，主要包括财务保障、财务安全、财务自由的资金规划，包括投入本金、比例、投资工具等方面的规划。

不同的家庭财务自由的标准不同，适用的财务自由计划书也是不同的，但无论哪类家庭，不管收入高低，要想实现财务自由，本质都是增加家庭被动收入和生钱资产。

7.2.2 家庭被动收入，巧增加

被动收入与主动的工薪收入相比，是当你选择今天不工作时所能取得的收入，它不是短期的收益，是一种长期且稳定的家庭收入。被动收入不是 100% 安全的收入，更不是永久性的收入，被动收入需要长期维护，定期流入。

自己有没有被动收入，有多少？哪些收入可以计入被动收入？如下事项产生的收入常计入被动收入。

①通过出租商铺或房屋获得的租金。

②股票、基金、股权分红。

③银行存款利息或个人借款利息收入。

④通过音乐、书本、其他知识获得的版权、专利收入。

⑤来自业余的各类自媒体收入。

⑥离婚赡养费、子女抚养费、信托基金。

⑦到达年龄可领取的退休养老金。

⑧其他可确认为被动收入的资产。

如上所述的不同的被动收入，归属于不同的资产，而不同的资产，收益计算存在一定的差别，但以上收入大多可计入投资收益，在我们选择具体的理财工具时，就可以计算相应的收益。

要想增加被动收入，可以分三步走，即做好家庭保障、管理开支和财富积累。

◆ 家庭保障

家庭保障，主要是做好家庭的备用金管理，如将一部分闲置资金用来做流动性较好的理财，如储蓄或货币基金，这样在生病、失业或其他意外事件发生而导致家庭收入中断时，才能有钱用于家庭应急开支。

◆ 管理开支

被动收入主要以生活开支为比较标准，要想实现财务自由，需要被动收入大于日常生活开支，所以家庭开支管理很重要。当收入一定时，可通过控制家庭不必要的收支，增加家庭的闲置资金，作为增加被动收入的本金来源。

◆ 财富积累

财务自由时，被动收入 > 花销，所以如果每月至少花销 5 000 元，每年至少花销在 6 万元时，要达到家庭的财务自由，通过各种渠道获得被动收入，至少需要达到年收入 6 万元。不同家庭的收支不同，所以财务自由基本要求不同。

实现财务自由的基本策略是存钱、生钱、护钱，实现财富积累。可以通过将工薪收入按照一定比例进行储蓄，作为投资理财的本金来源，即使每月储蓄 200 元也行，坚持储蓄，养成理财的好习惯，为实现财务自由打好基础。

当储蓄规模达到一定的数字，或者家庭闲置资金积累到一定数额，就可以选择适合家庭的投资理财工具增加各种投资收益。并且通过收益再投资，不断地增加投资收益，最终实现家庭的财务自由目标，同时在投资理财过程中，注意减少家庭资产流失、控制家庭负债，在开源的同时坚持节流。

7.2.3 左手现金，右手复利

如果家庭有 1 万元现金，你是选择储蓄还是其他投资？两者最大的区别在哪里？

储蓄与其他投资最大的差别，除了风险不同外，在于收益计算上，储蓄是单利计息，而其他很多投资都是复利计息。

复利就是我们常说的"利滚利"，在理财时，我们通常会计算以下两个复利指标：复利终值和复利现值。

两种复利计算有何区别，来看下面一个案例。

理财实例

30 年后要存够养老金 200 万元，需要本金多少

李先生最近有闲置资金 2 万元，他希望投资一些理财工具，期待的投资回报率在 6%，假设投资的产品都按照复利计算利息，那么 30 年后，他可以获得的本利和就为 114 869.82 元，其中利息为 94 869.82 元。

李先生打算给自己准备养老金，而他预算的基本养老金在 200 万元左右，如果 30 年后要存够这笔养老金，按照投资回报率 6% 计算，则他现在就需要一次性投入本金 348 432.06 元左右。

如上例所示，用到了复利终值和复利现值，相关公式为：$F=P×(1+i)^n$；$P=F/(1+i)^n$，其中 F 为终值也叫未来值，即我们常见的期末的本利和；P 为现值，也叫期初金额；i 为投资回报率。

上例中，现在投资的 2 万元本金就是现值，而 30 年以后本利和 114 869.82 元就是 2 万元的复利终值，投资回报率假设为 6%，n 为 30 年。而假设在当年的投资回报率下，30 年后欲达到 200 万元的养老金数额，计算现在需要投入的本金采用的是复利现值计算公式。

综上，无论是复利终值还是现值的计算，都需要知道三大要素：本金、收益率、时间，特别是时间和收益率，是能否实现收益滚雪球的关键。

当我们选择理财工具时，要注意收益是单利计算还是复利计算，两者具有一定的差别。

从收益上进行比较，单利采用公式：利息 = 本金 × 利率 × 存期，如将 2 万元存入银行，存期为 3 年，利率为 2.75%，3 年后可获得的利息为：利息 =20 000×2.75%×3=1 650（元）。

如果是复利计息，在同样的回报率和本金下，根据相应的公式：$F=P×(1+i)=20 000×（1+2.75%）^3=21 695.79$（元），利息 =21 695.79−20 000=1 695.79（元）。同样的本金、回报率和投资时间下，两者收益相差 45.79 元。

就本例来说，两者收益相差不大，但如果在本金和收益确定的情况下，投入的时间越长，差异越大。

在理财市场，我们都可以通过复利来理财，提高相应的收益。可直接选择一些复利计息的产品，如基金或股票，当然家庭在进行实际理财配置时，

还需要考虑资产、负债、收支、现金结余、理财目标、抗风险能力、产品
风险高低等因素。

7.3 财务自由实现渠道，总有一款能"生"钱

对于聪明人来说，实现财务自由，常选三种渠道：实业投资、金融投资、
互联网投资。实业投资包括创业加盟、股权投资、技术入股等形式；金融
投资就是对储蓄、债券、股票、基金等的配置；互联网投资常指当前流行
的一些新媒体投资，包括个人品牌、IP 打造、直播带货等。不同的投资渠道，
适用的投资方式不同。

7.3.1 开一家小店，技能如何打开

我们进行实业投资的方式有很多，相对通用的是传统的实业投资，如
开一家小店，最基本的问题是加盟还是自创？两者谁更具有优势？谁投资
成本更低，收益更好？如下案例简单比较。

理财实例

本金 10 万元，加盟还是自主创业

刘先生大学毕业后，主要从事销售工作，但平时出差较多，作息饮食
都不规律，近年来有了一定积蓄，而且父母年纪渐渐大了，希望他能安稳
下来，多陪陪家人，于是他打算拿出一部分积蓄创业，开一家小店。但他
不知道是加盟还是自主经营好，而对于加盟和自主经营他做了简单的方案
比较，具体如下。

朋友给他推荐了一个加盟商家，开店的成本费用演示如表 7-2 所示。
同时他也将相关费用和自主经营进行了简单比较。

表 7-2　成本费用演示

项　　目	加盟（万元）	自主创业（万元）
加盟费	4.30	0.00
保证金	0.50	0.00
房租费用	0.35	0.50
装修费用	1.20	0.00
设备费用	2.00	1.50
前期原材料	1.00	2.00
宣传费	0.80	0.10
开业费用	0.60	0.10
人员工资	0.60	0.60
流动资金	2.00	5.00
总投资费用	13.35	9.80

同时，加盟商还给刘先生展示了相应的利润，如以人均消费 15 元计算，日客流量 60 人，每月可达到毛利率 68%；扣掉所有成本，年利润可达到 9.72 万元，但利润仅为大概预估，实际盈利会根据市场、地域、经营面积等有一定的差别，具体以实际收入为准。

而如果选择自主经营，同样以人均消费 15 元计算，通过线上线下的渠道建设，扣掉所有成本，每月毛利润存在一定的差异，年利润平均可达到 18 万元左右，具体还以实际运营为准。

如上表所示，无论是从成本还是利润上看，自主经营都更具有优势，那是不是真的自主经营一定比加盟好呢？

◆　自创品牌经营优劣

相对来说，自创品牌最大的优势是，创业者可以根据自己的想法来经营，体现经营者的独特风格，甚至可以通过一些小众、特色、独特的经营风格建立自己的品牌，从而引导消费。品牌一旦运营成功，后期收益就很可观，而且收益具有长期的可持续性。

但自创品牌也有对应的劣势，在经营过程中面临巨大的风险，收益没有保障，前期投资的成本相对较少，但是需要投入的精力和时间更多，而且从品牌建立到推广到被大众接受，需要时间、精力、耐心、机遇，并且要经得起市场的检验。

同时，由于经营者自身经验和人才管理、市场分析等能力有限，创业期被拉长，创业成本增加，而且产品研发、供应链、员工培训、营销计划、市场拓展都需要经营者独自完成，考验经营者的综合能力。

◆ 加盟品牌经营优劣

相比自创品牌，加盟品牌更方便快捷，类似于复制粘贴再调整，经营风险相对较小，同时节约时间及精力。加盟品牌后，总部一系列的经营管理流程都可以照搬，并且品牌定期会推出一些营销活动。在品牌的宣传推广方面可以给经营者节省一大部分费用，而且因为具有品牌影响力，所以每月的利润具有相应保障。

当然，加盟品牌也存在一些劣势。加盟成熟的品牌，前期的投入成本会比较高，品牌越大，加盟费也越高，如果加盟费太高，加盟几年以后还未能收回投入成本，对经营者来说压力会很大。

加盟品牌的另一个特点是"一荣俱荣，一损俱损"成熟的品牌具有较大品牌影响力，如果品牌经营不好，加盟店家也可能受到波及。

由此可见无论是选择自创还是加盟，都需要考虑投入成本、抗风险能力、投资收益、消费人群、产品定位、市场定位、经营管理体系等因素，具体如表7-3所示。

表 7-3　开店考虑因素

考虑因素	具体分析
计算投入成本	自创或加盟都需要启动资金，在开店前，需要明确准备的启动资金是多少？并且这笔资金不会影响家庭的正常开支以及应急所需，小本经营投入总成本在 10 万～50 万元
明确抗风险能力	无论是加盟还是自创，受市场、政策、管理、其他不可抗力因素影响，是可能经营失败的。开店前，要明确创业失败的损失是否在家庭经济承受范围内
预估投资收益	加盟或自创投入之前，可从家庭理财目标和计划、风险承受能力出发，预估期望达到的投资收益为多少，从而为下一步确定消费人群、行业、产品、营销策略等打下基础
消费人群	明确目标消费人群，是女性还是男性，是大人还是孩子，从而根据不同的目标人群再确定行业及产品定位
产品定位	在确定行业以后，就需要进行行业细分，从而确定具体的产品类型，如前述案例中的刘先生在多方考虑下，选择了餐饮行业并细分到土豆产品。而产品的定位可以从销量、定价、费用、营销、利润、人工成本等因素考虑，参考一些同行数据，再做出相应的预估。 通常提前规划，在实际经营中不断地调整相关数据以及经营管理方法，追求长期的稳定收益
市场定位	市场定位的重点是找到自身产品的核心竞争力，如价格优势或偏好优势，可通过潜在竞争优势的识别来定位核心竞争优势，并确定相应的营销策略，促使产品在市场中占有一席之地
经营管理体系	无论是自创还是加盟，都需要对产品及人员进行管理，对成本费用进行控制。自创的经营管理体系需要自己去探索并总结，而加盟可以沿用总部的管理体系，再进行细节调整

自创和加盟各有优劣，无论选择哪一种，都需要从个人实际情况出发，综合考量。

7.3.2 个人商业模式，优化才是王道

每一个企业都有它的商业模式，本质上说就是独特的赚钱方式。而个人的商业模式具有异曲同工之妙，同样是个人独特的赚钱方式。优化个人商业模式，可以从明确个人商业价值、树立个人品牌、提高个人 IP 流量等入手。

（1）明确个人商业价值

个人的商业价值可以从自己的知识、技能、天赋、经验等方面去判断，如下简单方法仅供参考。

①知识储备很重要，不仅包括专业知识，还包括其他综合常识储备，最终个体形成一个综合知识链，在机遇下转化为有价值的产业链。

②强化专业技能，拓展综合技能，未来将技能输出为价值。

③在职场及业余生活中，不断挖掘自身的天赋。

④职场经验和行业经验有助于发现并拓展个人商业价值。

个人商业价值打造的本质在于通过个人内外部资源的整合，输出价值，从而获得相应的收益。

（2）树立个人品牌

我们都知道品牌影响力，而"个人品牌"是近年来很火的一个词。个人品牌简单来说是个人内在品质与外在形象所传递的独特、鲜明且确定的能引起消费者共鸣、并愿意买单的品牌。

我们该如何打造个人品牌？可以从明确自身的品牌定位、进行内容价值输出、规划线上线下推广渠道、产品变现等入手。

（3）提高个人 IP 流量

个人IP，简单来说就是在行业具有影响力、值得信任且能带来流量的人，一些企业家、明星、主播等就是具有个人 IP 的典型代表。

提高个人 IP 流量，对于个体来说，可以从寻找适合自己的行业领域、成名作或爆款，优质的内容输出，树立个人品牌，与稳定的平台合作，及时与粉丝互动，建立个人人设，提高产品生命周期等出发。

在互联网不断发展的今天，无论是打造个人品牌还是提高个人 IP 流量，我们都可以通过自媒体完成，如通过公众号、直播、其他短视频平台等进行价值输出，最终构建适合自身的商业模式。